Los dos mundos de Zoé *

Los dos mundos de Zoé

Ana García-Siñeriz

Jordi Labanda

DESTINO

DESTINO INFANTIL Y JUVENIL, 2011
infoinfantilyjuvenil@planeta.es
www.planetadelibrosinfantilyjuvenil.com
www.planetadelibros.com
Editado por Editorial Planeta, S. A.

© del texto: Ana García-Siñeriz Alonso, 2011
© de las ilustraciones de cubierta e interior: Jordi Labanda, 2011
© Editorial Planeta, S. A., 2011
Avda. Diagonal, 662-664, 08034 Barcelona
Diseño de cubierta y maquetación: Kim Amate
Primera edición: septiembre de 2011
Séptima impresión: enero de 2014
ISBN: 978-84-08-09956-7
Depósito legal: B. 36.831-2011
Impreso por Cayfosa
Impreso en España – Printed in Spain

El papel utilizado para la impresión de este libro es cien por cien libre de cloro
y está calificado como papel ecológico.

Este libro es de

....

Lo leí el .... de .... de ....

en ....

Me lo regaló ....

Cuando lo termines, elige una casilla:

☐ ¡Chulísimo! ¡Genial! ¡Me chifla!
(Ésta **ES** la buena.)

☐ Interesante, ¡ejem!
(Esto es lo que diría un crítico sesudo.)

☐ Me falta algo.
(Eso es que te has saltado páginas.)

☐ Para dar mi opinión, tendría que leerlo de nuevo.
(Buena idea. Empieza otra vez.)

5

Hola, soy Zoé.

¿Te gusta mi nombre?

A mí, sólo a veces. En mi colegio me llaman **«zo-penca»** y **«zo-zo-zo-zombie»**. Muy originales, ¿verdad?

Si vamos a conocernos, mejor que me presente...

A veces saco *malas* notas. Y mi profesora se queja de que me distraigo con el vuelo de una mosca, pero es que me aburro en clase. Y es que

¿quién no se ABURRE allí?

Mi familia

mi madre →

← y

↑ mi hermano Nicolás

Mi familia es algo especial.

Mis padres viven en **DOS** casas en **DOS** países diferentes, y tengo una hermana a la que no he visto desde hace *años*... ¡increíble!, ¿no? ¡Bueno! Ya te hablaré de ellos con detalle *más* adelante.

Para empezar, te presento a mis amigos. ¡Juntos nos lo pasamos GENIAL!

Somos La Banda de Zoé.

Y si quieres, tú también puedes formar parte de nuestra banda, ¿eh?

Álex

Álex es nuestra especialista en todo lo que tenga que enchufarse...

¡es una *crack*!

Se llama Alexandra pero prefiere que la llamen Álex.

La conocí el primer día de clase. Me defendió en el patio del colegio y desde entonces somos

¡INSEPARABLES!

Le vuelven loca:

Las películas de aventuras, los cachivaches tecnológicos y los ordenadores.

Los pasteles y las chucherías...
¡es MUY golosa!

No soporta:

Las faldas, las muñecas, la laca de uñas ni nada que sea de color ROSA.

De mayor:

Quiere ser campeona de Fórmula 1.
O astronauta.
O campeona de...
¡es incapaz de elegir!

Ésta es Álex

Liseta es genial para los casos que necesitan de un poco de *intuición* femenina. ¡Ella la tiene toda!

Y además, en su bolso es capaz de encontrar lo que necesitemos en cada momento...
¡parece **MÁGICO**!

Le chifla:

¡La moda! Y *maquillarse* con las pinturas de su madre.

Aunque es guapísima y su pelo es rizado y precioso, sólo sueña con una cosa: tener el pelo LISO.

Detesta:

Hacer deporte, correr, sudar, despeinarse; que Álex le tome el pelo (y más si acaba de salir de la peluquería).

Marc

Marc es el *único* chico de nuestra pandilla.

En seguida se le ponen las orejas tan **ROJAS** como dos pimientos. Es muy inteligente. Tanto, que se hace el tonto para que no lo llamen empollón. ¿Tú lo entiendes? Sus padres *tampoco* (sobre todo, cuando le dan las notas...

¡Uuuuuy!).

Éste es Marc

Le encanta:

Aprender, leer, saber...

Odia:

Marc no odia nada.
Pero parece que a él lo odien
los lácteos, el gluten,
los perfumes, el chocolate...

¡es ALÉRGICO
a casi todo!

De mayor:

Quiere ser **ESCRITOR**.
Por eso acarrea una
mochila con libros que
nos ayudan en nuestras
aventuras.

Kira

Y *Kira* es mi *queridísima* perrita y miembro honorífico de La Banda de Zoë.

Parece un Labrador pero no es de raza pura. Amanda, la novia de mi padre, la llama

«CHUCHUS CALLEJERUS PULGOSUS».

(Luego hablaré de Amanda... ¡uf!)

¡Ésta es KIRA!

Sus hobbies:

Perseguir a *Nails*,
el gato de Amanda.

¡Ah! y robar las chuletas
de ternera en cuanto se
descuida mamá.

Está en contra de:

Los perritos calientes
(por *solidaridad* perruna).

Y de que mamá la meta en la
bañera. Por eso, no la bañamos
muy a menudo. Mamá dice que
es una perra ecológica porque
es de *bajo mantenimiento*,
como su coche.

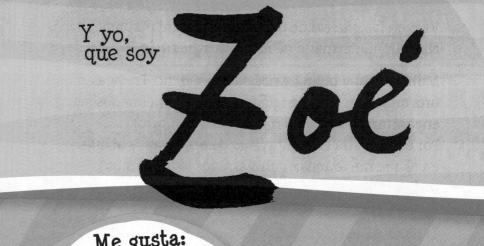

Y yo,
que soy **Zoé**

Me gusta:

Resolver misterios con la Banda, los *pasteles* de chocolate, abrir antes que mi hermano el paquete de cereales para quedarme con el regalo, je, je...

¡y pisar los *charcos* sin mojarme los calcetines!

No me gusta:

Cortarme las *uñas* de los pies (**¡qué grima!**), el pescado con espinas, los domingos por la tarde, ¡ni que se rompa la mina en el *sacapuntas* cuando afilas un lápiz!

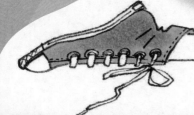

Vivo en las *afueras* de una ciudad con mi madre y Nicolás, mi hermano pequeño, **un *pesado***.

Mamá es muy buena y nos quiere mucho. Trabaja en una organización que recoge perros abandonados (así encontramos a *Kira* cuando era un cachorro). Por eso nuestra casa está *llena* de animales, y al lugar en el que me reúno con mis amigos lo llamamos **«el gallinero»**.

Y para entender a mi familia se necesita un árbol genealógico, por lo menos...

La Banda de Zoé
somos Álex, Liseta, Marc y yo.
(Bueno, y *Kira*...)

Nuestro cuartel general está en el gallinero. Allí nos entrenamos y estudiamos el *Manual del Agente Secreto para Principiantes* que ha escrito Marc. Hasta *Kira* ha terminado ya el curso básico de *perro-espía*, y ladra en clave cada vez mejor.

¡Estábamos deseando poner en práctica todo lo que habíamos aprendido!

¡Qué emoción! ¡Por fin!

La primera aventura de La Banda de Zoé comienza...

¡Aquí!

Perros, gallinas... y hermanas

Nuestra primera aventura comenzó con una visita *inesperada*...

Estábamos en el gallinero repasando el *Manual del Agente Secreto para Principiantes*, bueno, y zampándonos unos deliciosos bocadillos que nos había preparado mamá con lechuga y tomate del huerto cuando...

—**¡Zoéeeeee!** —aulló Nic—, ¡que dice MAMÁAA que vengaaaas!

Nic nunca habla. **Grita.**

—¡Te has olvidado de dar de comer a las gallinas! —me *chinchó*.

No sé si se me ha olvidado mencionarlo, pero soy la encargada del D. R. A. o Departamento de Reciclado* de Alimentos; vamos, de echarles las *sobras* a las gallinas *Pía* y *Mía* después de comer.

En casa, una joven esperaba junto a mi madre.

—Tenemos visita —me anunció mamá con expresión *misteriosa*.

—¡Hola! —saludó sonriente la chica.

Su cara me resultaba familiar, pero no caía...

—¡Soy yo, Zoé! **¡Matilde!** —explicó la chica acercándose a darme un beso y riéndose—. ¿Es que ya no te acuerdas de mí?

¡Era mi hermana Matilde! Claro que me acordaba de ella... pero llevaba demasiado tiempo sin verla: primero vivía con papá, luego en el internado, y después,

¡se había hecho tan famosa!

¡Era la cantante de mi grupo favorito, **FRENCH CONNECTION**!

Y entonces, casi, me desmayé. Como si fuera una de esas damiselas de película que no resisten una impresión fuerte. **¡Que nooo, que yo no me desmayo!** ¡Era una broma!

Nicolás

Alias
Nic *el plasta*.

Edad
Seis años, tres meses, doce días, cuatro horas, dos minutos y seis segundos... ¡Uf!

Aficiones
Molestar, molestar y molestar
(sobre todo a mí).

Grito de guerra
«¡MAMÁAAAAA!».

¡Si Kira hablara!

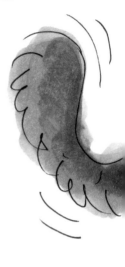

Las mascotas de Zoé

Pía y Mía

Son gallinas de Guinea, pero ellas creen que son perros y tratan de ladrar aunque sólo consiguen cacarear más alto.

Kira

Yo sí que soy un auténtico perro.

Orejitas

Es un conejo con «orejotas».

Lista

Es una burra, pero muy *inteligente*.

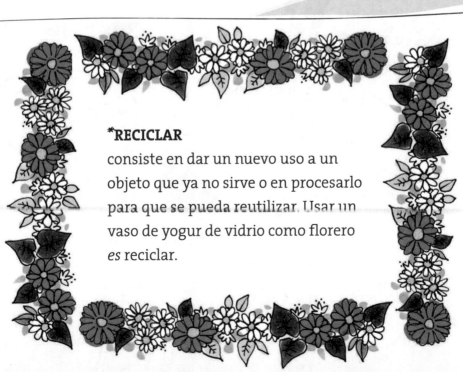

*RECICLAR

consiste en dar un nuevo uso a un objeto que ya no sirve o en procesarlo para que se pueda reutilizar. Usar un vaso de yogur de vidrio como florero *es* reciclar.

¡Si Kira hablara!

¿Cuál es tu raza de perro favorita?

Caniche
Es como una señora pequeña
y redondita que se hubiera
puesto rulos en todo el cuerpo.

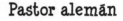

Pastor alemán
El perro policía,
leal y muy noble.

Jack Russell
¡Es tan travieso e inteligente!
Muchos tienen un ojo pintado de negro.

Carlino
(también se le llama *Pug*)
Su morro aplastado y
oscuro lo caracteriza.
Liseta quiere uno para
estar a la moda...

Chihuahua
Diminutos. Es una raza
muy antigua de origen
mexicano.

Zoé, te necesito

¡Una hermana que vuelve en plan sorpresa!
¡Y encima, cantante! ¡¡Y FAMOSA!! ¡Guauuu!
(No es *Kira* la que ha aullado de alegría, he sido yo.)

Bueno, a lo que iba. Tendré que explicaros todo esto. Lo de que hiciera *años* que no veía a Matilde, y que no viviera en el gallinero con nosotros... Os lo explico todo ya: antes de casarse con mi madre, mi padre tuvo otra hija, mi hermana Matilde, que a su vez, tenía y tiene otra madre que vive en el extranjero, y un padrastro... Os había contado lo especial que es mi familia, ¿verdad?

Qué lío...

Pero no me había olvidado de ella, tengo un póster **ENORME** en mi cuarto de Matilde con su grupo *FRENCH CONNECTION*.

Y el pesado de Nic, que quería que arrancara LOS PÓSTERS para poner unos de futbolistas, ¡uf!

—¡Qué ganas tenía de verte, hermanita! —me dijo Matilde mientras me abrazaba muy fuerte.

Había venido a *buscarme* para llevarme con ella. **A PARÍS.**

—Papá quiere que vayas. Te *necesita* —desveló muy misteriosa y sonriéndome con unos ojos que eran igual que los míos pero un poco más achinados.

Todavía no os he hablado mucho de mi **PADRE**, ¿verdad? Papá está siempre *ocupado*, rodeado de hombres con corbatas y maletines, y señoras *muy serias* que sueltan palabrejas en otros idiomas. Y por eso, porque *siempre* está trabajando, no lo vemos mucho. Pero nos quiere un montón, ¿eh? A Nic y a mí nos gustaría verlo un poco más..., aunque nos manda regalos *chulísimos* por nuestros cumpleaños. Es una pena que no se pudiera enviar él mismo por *correo*. Sería el mejor regalo.

¡Papá quería verme! ¡Necesitaba verme!

Eso sí que era una sorpresa. Bueno, ¡y lo de Matilde también!

—¿Sabes para qué me necesita? —pregunté tímidamente.

—Te necesitamos los dos —afirmó, tomándome de la mano.

—¡De acuerdo! —respondí.

Mamá me guiñó un ojo desde detrás de la mesa. Iría a París.

¡Vería a PAPÁ!

Matilde

Edad
Dieciocho años.

Seña de identidad
Flequillo, ojos azules,
¡guapísima!

Aficiones
Canta y toca la guitarra
eléctrica en FRENCH CONNECTION,
¿los conoces? Son *mega guay*...

*Ésta es
mi hermana
Matilde*

Rasgo principal de su carácter
Le gusta el chocolate tanto como a mí.
¿Tendremos un gen común
de amor al cacao?

Todos para uno

Tenía que contárselo a Álex, Marc y Liseta. Todavía debían de estar esperándome en **el gallinero**. Mamá se quedó en casa con Nic, y Matilde y yo nos fuimos para allá.

¡PUM!, ¡PAM!, ¡PUGHHHHH!

¡Del gallinero salía un humo muy negro!... y un estruendo de gritos, gallinas que se creen perros ladrando (perdón, cacareando) y *Kira*, que sí que ladraba ¡enloquecida!

¡GUAUU! ¡GUAUUU!

—¡Te has vuelto a *equivocar* en las medidas! —exclamó Álex enfadada mientras sacaba la cabeza fuera de nuestro escondite.

—¡Y tú me has destrozado el peinado! —le reprochó Liseta, al borde de las lágrimas.

La cara de Álex estaba negra... y el pelo de Liseta ¡parecía una *escarola* electrocutada! Todo apuntaba a que habían vuelto a experimentar con un explosivo del *Manual* de Marc.

—¡Chicos!, tengo que ir a París —les anuncié solemne—, en una misión muy DELICADA.

—**¡ENCONTRAR EL GATO MILENARIO!** —desveló Matilde.

—¿Te refieres a un caso? —preguntó Álex—. ¿A investigar un caso de verdad?

Y entonces, Liseta comparó las fotos de la cantante de French Connection que siempre llevaba dentro de su bolso con Matilde y... ¡comprobó que la cantante de *FRENCH CONNECTION*, la *otra* Matilde era *esta* Matilde! Y entonces... se desmayó. Como una de esas damiselas de las películas.

—¡Levanta, Liseta! —gritó Álex tirando de ella—. ¡Tenemos un caso!, **¡un caso para La Banda de Zoé!**

—¡No podemos dejar sola a Zoé! —exclamaron Álex y Marc al unísono—. ¡Arriba, Liseta; un caso de VERDAD!

Liseta se sacudió el polvo del suelo y se levantó arreglándo-se el pelo. ¡Claro, ella también quería ir a París! ¡Su sueño siempre había sido asistir a los desfiles, la moda, lo *fashion*!*

OH, LÀ LÀ!

Pero faltaba algo *muy* importante...

—Tendrás que ayudarnos a convencer a todos los padres
  —le pedí a mi hermana.

Kira ladró y movió la cola.

—Tú también quieres apuntarte, ¿eh? —dijo Matilde.

¡GUAU! ¡GUAU!

(En su idioma, quería decir: «¡Por mil chuletas de cordero... por supuesto!».)

Entonces me di cuenta: ¿Admitirían perros en los aviones? ¿Y tan grandes? Y sobre todo, ¿perros aficionados a morder pantorrillas? (*Kira* muerde, pero flojo, ¿eh?)

Matilde me tranquilizó:

—En el avión en el que vamos sí.

¿Qué avión sería ése?

Algo me decía que no podía ser uno *normal*...

Las notas de Marc

París

PARÍS es la capital de Francia. Antiguamente se llamaba Lutetia.

Es el destino turístico más popular del mundo, con monumentos tales como la Torre Eiffel, la catedral de Notre-Dame, el Arco de Triunfo o el Museo del Louvre. El río Sena atraviesa la ciudad y la divide en dos grandes áreas: la orilla izquierda, muy apreciada por los estudiantes y el mundo intelectual, y la orilla derecha, donde se concentran los barrios más residenciales y el mundo de los negocios. Son dos formas de entender la vida... *a la parisién*.

Es la ciudad de la luz, del amor, de la moda, del arte y de la gastronomía. **Vive París!**

REINO UNIDO
BÉLGICA
ALEMAN
París
Estrasburgo
Nantes
Francia
SUIZA
Océano Atlántico
Lyon
ITALI
Burdeos
Niza
Toulouse
ESPAÑA
Mar Mediterráneo

La catedral de Notre-Dame

El Arco de triunfo

La ciudad en cifras

1 río: el Sena o la Seine.
Para los franceses, los ríos son femeninos.

2 temporadas de desfiles de moda al año.

2 islas en el centro: la Isla San Luis y
la Isla de la Ciudad.

10 viñedos. ¡Sí, viñedos! Principalmente
en Montmartre, donde se produce vino
100 % parisino.

37 puentes. Los más conocidos son el Pont
Neuf, el puente Alexandre III o el del Alma.

330 metros de altura de la Torre Eiffel,
construida en hierro para la Exposición
Universal de 1889 por el ingeniero
Gustave Eiffel.

La torre Eiffel

El diario de Liseta

*¡Atención, *fashionistas*!

Liseta quiere ser una *fashionista*: una persona que vive
por y para la moda. Por eso adora *lo fashion*, lo que está de
moda. ¡Qué *fashion*!

Pues sí, en *ese* avión sí podían viajar perros porque era un avión enviado por papá para recogernos *especialmente* a nosotros. Fue lo primero que me puso sobre la pista de que teníamos por delante una **IMPORTANTE** misión.

Pero antes de embarcar, Matilde convenció a los padres de Álex, Marc y Liseta de que aquel viaje iba a resultar, culturalmente, muy interesante para ellos... ¡y dijo la verdad!

Mamá me despidió llenándome de recomendaciones. ¿Os he dicho ya que mi madre quiere que seamos respetuosos con el medio ambiente en todo lo que hacemos?

—Dúchate en vez de bañarte y no dejes el grifo abierto mientras te cepillas los dientes —me recordó—. Y acuérdate de que *ésta* es tu casa y *tu* mundo; no lo olvides, Zoé. Recuerda nuestro querido gallinero —dijo riéndose—; nosotros pensaremos en ti.

—Sí, mamá.

—¡Y pórtate bien! ¡Y haz caso a tu padre! —terminó.

No lo he dicho todavía, pero mis padres, aunque no vivan juntos, se quieren muchísimo. Lo malo es que, como dice mamá, ¡sus estilos de vida son absolutamente incompatibles!

Ya en el aeropuerto, Liseta llegó cargada de maletas. Marc le señaló que llevaba exceso de equipaje y que tendría que desprenderse de algo.

—**¡Mi bolso NOOOO!** —gritó aferrándose al enorme bolso que siempre lleva con ella.

—Tranquila, Liseta —dijo Matilde—, guárdalo. Una chica nunca sabe cuándo va a necesitarlo —le dijo guiñándole un ojo.

Y Liseta se quedó con él. ¡Menos mal! Luego veréis por qué...

Y por fin, llegamos al avión. **¡Superchulo!** Álex, Liseta y Marc se acomodaron en los asientos delanteros. Los mejores. A Matilde y a mí no nos quedó más remedio que apretujarnos con *Kira* en la última fila como sardinas en lata. O en *escabeche*, para ser exactos.

—¡Cómo mola! —exclamó Álex.

Liseta hizo una mueca y se ajustó el antifaz tratando de dormir sin despeinarse. Y Marc comenzó a leer un periódico francés.

—Mmmm... tendremos que ver la Mona Lisa y subir a la Torre Eiffel, claro; y ¿por qué no? Probar alguno de sus deliciosos quesos... —enumeró para él solo.

—¿Y esto qué es? —preguntó Liseta levantando una esquina de su antifaz. Señaló una foto con una serie de calaveras apiladas en una pared. **¡Gluppsss!**

—¡Las *catacumbas*! **¡Uuuuuuh!** —reveló Marc agitando las manos frente a Liseta—. Una de las atracciones turísticas de París.

—¡Oye! ¿Ése no es **TU** padre? —preguntó Álex señalando otra foto del periódico—. **Vuestro** padre, perdón —precisó.

Desde atrás, Matilde se hizo con el periódico con un gesto rápido.

—Ésta es la razón por la que estáis aquí. **LEED** esta noticia con mucha atención—nos pidió.

..e, que marcó el récord con 26,5 grados bajo
..es cero. ∎
..a
..en
..os
..os
..a
..lan
..los

..las
..ron
..ados
..s de
..stok
..có el
..bajo
..e los

El principal sospechoso del robo en el momento de
..................su presunta

¡UN ROBO DE CAMPANILLAS!

Una pequeña figura de gato ha desaparecido de la vitrina en la que se exhibía en la Sala de la Baja Época del Museo del Louvre.

A la misma hora se celebraba en uno de sus salones una fiesta exclusiva organizada por un conocido coleccionista de arte y hombre de negocios. La policía no tiene ninguna pista, aunque las sospechas recaen principalmente en el organizador.

La figura desaparecida es la de una gata que se adorna con un bonito collar. De él pende un medallón con una cabeza de felino sobre un disco que representa el sol.

En el mercado, su precio podría alcanzar cifras astronómicas. También podría haber sido robada por encargo para algún coleccionista privado deseoso de hacerse con una pieza tan valiosa.

Además, según algunos historiadores, los jeroglíficos que hay en su base indicarían el lugar exacto en el que se encuentra la tumba de dos amantes legendarios. Cleopatra y Marco Antonio.

¿Estará buscando el ladrón la tumba de los famosos amantes o será una nueva pieza que añadir a su colección? ∎

—¡Papá es el principal sospechoso! —exclamé sin poder contenerme—. Pero ¡si es imposible que haya sido él!

Para *eso* necesitaba papá nuestra ayuda: el robo del gato milenario... nuestro primer caso.

—La policía vigila a papá muy de cerca. Así que tendréis que investigarlo **VOSOTROS** —añadió Matilde.

—¿Y tú? ¿Por qué no puedes ocuparte del caso? —le preguntó Marc—. ¿También te vigila la policía?

—La policía no —respondió Matilde—, pero ¡mirad! —dijo señalando otra foto en el periódico—. En esta otra página estoy yo... sin quererlo. ¡A mí me vigilan *los paparazzi!**

¡¡Exclusiva!!

¡Matilde vuelve a sorprender!

La cantante de FRENCH CONNECTION ha sido pillada in fraganti a la salida de un conocido restaurante de París acompañada de un guapísimo joven no identificado. ¿Será uno más en la interminable lista de «amigos» de la popular cantante?

La libreta de Zoé

El bolso de Liseta

¡Es extraordinario! En él puedes encontrar todo lo que necesites. Liseta dice que es cuestión de orden y de saber aprovechar bien el espacio. Pero ya veréis lo que cabe en su bolso y si es mágico o no...

El diario de Liseta

¡Atención, *fashionistas*!

*Paparazzi

Son los fotógrafos que persiguen a los famosos por la calle.

Zoé Test

1. Francia es un país famoso por su gastronomía y sus quesos:

   a) Tienen más de 365 variedades de queso. Uno por cada día del año.

   b) En realidad, hay más de 3.650 variedades, pero se me olvidó un cero.

   c) Son 3.650.000 quesos distintos y todos huelen fatal.

2. En Francia se comen:

   a) *Cheetos* de rana.

   b) *MacNuggets de* rana.

   c) Ancas de rana.

3. Elige uno de estos platos para un restaurante francés:

   a) Ensaladilla rusa.

   b) Patatas fritas o *FRITES*.

   c) Una pizza Cuatro Quesos.

RESPUESTAS

1. a) 365 + 135 = ¡500 variedades de queso! Cada región tiene sus quesos, y las comidas en Francia siempre se terminan con un poquito de *fromage*.

2. b) Ancas de rana. Son las patas de estos animalitos... no tengo nada más que añadir.

3. c) Las patatas, ¡crujientes y en su punto!... Todo muy *francés*.

Por fin llegamos a París. Y a casa de papá. ¡Y qué casa! Bastante *diferente* del gallinero. Álex, Liseta y Marc se quedaron con la boca abierta. Bueno, y cuando nos vio llegar, papá también.

—¡Zoé, cuánto me alegro de verte! ¡Qué bárbaro que hayáis venido todos... hasta el perro!

¡GUAU! ¡GUAU!

Kira ladró un par de veces para sacarlo de su error. Ella no era *un* perro, no señor. Perrita, *por favor*.

Papá nos recibió con los brazos abiertos; hasta se había encargado de que nos preparasen un delicioso tentempié.

MENÚ

*Sándwiches de jamón dulce
con mantequilla salada*

*Tostaditas de pan integral con
mermelada casera de albaricoque y pera*

*Montañas de pastelitos
de crema y chocolate amargo*

*Tarta crujiente de merengue
de lima y limón*

Y Rose, su asistente personal, tuvo el detalle de pensar también en *Kira* y en sus gustos perrunos.

Hueso de Calidad Superior

Papá esperó a que todos estuviéramos sentados para empezar a hablar.

—Bueno, bueno, bueno... así que habéis venido todos a ayudarme con este lío del robo del gato. ¡Qué bárbaro!

(Por cierto, ya lo habréis notado: papá siempre dice **«bárbaro»** para todo lo que a los demás nos gusta, entusiasma, apasiona y vuelve locos. **¡Bárbaro!**

Marc se recostó con aire interesante para preguntarle:

—¿Quién cree que pueda estar detrás de un robo como éste?

—¡Bueno, bueno!... todas las posibilidades están abiertas, pero yo me inclino por **HADES**.

47

—¿HADES? —preguntaron al unísono Álex, Marc y Liseta.

—HADES, sí. Un club de damas. Suena inocente, ¿verdad? Pero me temo que en realidad sea una *tapadera* —respondió papá.

—¿Ah, sí? —preguntó Álex *engullendo* DOS pastelitos con glotonería—. ¿Y quién es el jefe?

Papá respiró hondo y siguió hablando.

—Jefa, creemos que es una **JEFA** —aclaró—. Su líder es una mujer de ENORME maldad. Nadie sabe quién es, pero sí que adora a los gatos y detesta a las... **NIÑAS**.

¡HUMMMM!

—¿Y por qué odia tanto a las niñas? —preguntó Álex estudiando OTRO pastelito.

—Porque son tiernas y todo el mundo las adora y todavía no son mujeres, pero algún día lo serán —nos aclaró papá—, y ella cree que YA son demasiadas.

—¿Y qué nos hace? —preguntó Liseta con un escalofrío.

—Cosas terribles... —respondió papá—. Envenena las chucherías, lima las cuerdas de los columpios para que se rompan, y siembra de pedruscos las pistas de patinaje para que las niñas se raspen las rodillas, y a veces... hasta cosas **PEORES**... —enumeró papá, sin decir *bárbaro* esta vez.

—Pero ¿qué interés puede tener en robar *ese* gato? —preguntó Marc, extrañado—. No tiene *nada* que ver con las niñas —dijo, mirándonos.

Y de repente, empezó a toser.

¡¡¡COFF, COFF!!!

—¡Tengo un ataque agudo de **ALERGIA**! —gritó Marc, ahogándose. Un olor a PERFUME muy pesado inundó la habitación—. ¡Me ahogo! —exclamó.

Y entonces, entró una mujer. Llegaba envuelta en una chaqueta de piel de leopardo y en una NUBE de aroma espeso y... EMPACHOSO.

¡¡¡COFF, COFF!!! ¡¡¡¡COFFFFF!!!!

¡Marc tosía y tosía cada vez más!

—Amanda, querida, me temo que has vuelto a excederte con el *perfume* —dijo papá dando la mano a la mujer que acababa de entrar.

—Perdona, *darling* —contestó ella—. No me habías dicho que nuestras visitas fueran tan... numerosas. ¿Quiénes son todas estas **ADORABLES** criaturas? —Lo dijo todo con una voz ronca que trataba de ser suave, pero por su cara, se diría que de *adorables*... NO teníamos nada.

La libreta de Zoé

Las niñas en el mundo

¿Sabías que en algunos países...?

- Los padres todavía prefieren el nacimiento de un hijo varón al de una niña.

- La educación de las niñas se deja de lado, favoreciendo la de los chicos.

- Una niña puede ser vendida por sus padres para conseguir dinero para el resto de la familia.

- Trabajan desde que son pequeñas. Recorren kilómetros para buscar agua y no van a la escuela.

- Son esclavas, maltratadas, no tienen apenas oportunidades.

- Por eso, LAS NIÑAS DEBEN AYUDARSE*. ¡TODAS SOIS HERMANAS!

Rose

Profesión
Es la asistente personal de papá.

Ocupaciones
Todo lo que papá no tiene tiempo de hacer (sacar entradas para el cine, recordarle sus citas... **¡organizar su vida a la perfección!**).

Defectos
Ninguno.

Señas de identidad
Huele muy muy bien.

Ésta es Rose

¿Amanda, ¡qué sorpresa!

Nos habíamos quedado en la llegada de... Amanda, la novia de papá. Eso sí que no me lo esperaba. ¿Aquella mujer horrible? ¿La que apestaba a un extraño y pesado perfume? ¿La del chaquetón de piel de leopardo y KILOS de maquillaje era la novia de papá? Además, tenía otro defecto imperdonable: un antipático gato de angora llamado *Nails*. **¡BRRRRRR!** Pero ¿qué podía gustarle a papá de ella? Si no se parecía en *nada* a mamá...

Este es Nails

—¿Y esta niña tan guapa? —preguntó acercándose a Liseta—. ¡Qué hermoso pelo, tan rizado y suave! *Darling*, es igual que tú.

Papá se rió. Liseta **NO** podía parecérsele porque **NO** era su hija.

—Zoé está detrás de ti —dijo, señalándome—. Cariño, sal de ahí...

Amanda me miró y me tendió una mano muy fría para que se la estrechara.

—¿Y tú qué eres, un *chico* o una *chica*? —preguntó después, dirigiéndose a Álex.

—Y usted —devolvió Álex enfadada—, ¿por qué lleva un ENORME gato muerto convertido en chaqueta?

—¡Qué *criatura* tan graciosa! Aunque un poquito impertinente, ¿no, *darling*?

Pero papá estaba hablando por teléfono **¡y no se enteró de nada!** ¡QUÉ RABIA!

Amanda

Nacionalidad
Desconocida. Tiene varios pasaportes.

Seña de identidad
Se envuelve en una nube de perfume apestoso.

Adicciones
Teléfono móvil. ¡Tiene tres!

Su peor pesadilla
¡Quedarse sin batería!

Estado civil
Divorciada ¡cuatro veces!

Su mayor deseo
Conseguir el marido número cinco, mi padre, ¡*arghhh*!

Cita en el desván

Después del *encontronazo* decidimos reunirnos con Matilde en el desván **LEJOS** de los oídos de Amanda y los desarrollados pabellones auriculares del querido *Nails*. Matilde llegó a la cita cargada de delicias de chocolate. He dicho que éramos hermanas, ¿verdad? Compartimos la misma pasión.

—Me da alergia sólo de verte —gruñó Marc mientras Álex devoraba una magdalena recubierta de glaseado de chocolate. ¿Os he contado ya que Marc también es alérgico al chocolate?

Liseta y Matilde se rieron.

—Bueno, Zoé, recapitulemos —pidió Matilde.

—**¡Muy bien!** —respondí—. El caso es el siguiente: ha *desaparecido* una escultura de gato en el Museo del Louvre mientras, en la sala de al lado, papá daba una fiesta.

—¡Incomprensible! —exclamó Álex—. No entiendo para qué quieren los ladrones un gato que no es electrónico **¡y ni siquiera funciona a pilas!**

—Lo más importante es que el **PRINCIPAL SOSPECHOSO** para la policía es papá —señaló Matilde.

—Tendremos que empezar por el principio —dije, reflexionando.

—¿Y cuál es, Zoé? —preguntó Liseta.

—El *lugar del crimen* —respondió Marc.

—¡El Museo del Louvre! —exclamé.

TIC, TOC, TIC, TOC.

—¿Y qué ha sido eso? —pregunté yo.

¡¡¡COFF, COFF!!!

¡Ya estaba Marc con OTRO de sus ataques de TOS! Se llevó las manos al pecho, señalando a la puerta y entonces...

—Soy **YO** —respondió Amanda entrando en el desván—; para ser exactos, los tacones de mis zapatos de piel de cervatillo. ¿No os parece que tienen un repiqueteo delicioso?

Eso ya fue demasiado... Escapamos en tromba, ¡corriendo escalera abajo! Bueno, no todos. Liseta se quedó con Amanda, de charla en el desván.

¡Qué fuerte!

Cita en el desván

La libreta de Zoé

Cacao y chocolate

El chocolate se fabrica con semillas de cacao originarias de América. No llegó a Europa hasta que lo trajeron los conquistadores españoles. Los europeos pronto adoptaron el chocolate como un manjar delicioso.

Los mayas lo consideraban una bebida de reyes y dioses. Lo llamaban xocolatl.

Tiene muchas propiedades benéficas y además es riquísimo.

Tarta de chocolate de Zoé

INGREDIENTES

200 gramos de chocolate negro
200 gramos de azúcar
3 huevos
200 gramos de mantequilla
Un poco de mantequilla para engrasar el molde o un papel de horno
Una cucharada sopera de harina

UTENSILIOS

Un molde de tarta
Un bol para mezclar los ingredientes
Una cuchara de palo
Horno precalentado a 180 °C

PREPARACIÓN

¡Atención! Antes de empezar, lo mejor es que pidas la ayuda de un adulto la primera vez, y siempre, para utilizar el horno.

1. Funde el chocolate y la mantequilla en una cazuela o en el microondas.

2. Mézclalos con el azúcar, los huevos y la cucharada de harina.

3. Engrasa el molde con la mantequilla o cúbrelo con el papel.

4. Vierte ahí la mezcla y mételo en el horno entre 15 y 20 minutos, lo justo para que se forme una costra brillante y crujiente en el exterior, y que cuando pinches con un cuchillo salga húmedo.

5. ¡A disfrutarlo con tus amigos!

¿Dónde está Liseta?

Después de salir corriendo del desván, nos refugiamos en el cuarto de Matilde. **¡QUÉ CHULO!** Tenía todas las paredes cubiertas de pósters de bandas de música y muchísima ropa para sus conciertos. Qué pena que no estuviera Liseta, a ella le habría encantado, ¡sobre todo lo de la ropa!

Matilde se sentó en el suelo.

—Nos falta algo para entender este robo...

—¿Y qué es? —preguntó Liseta.

—Muy fácil —dijo Marc—. En todas las historias de misterio siempre hay un *móvil*. ¡Y no es un teléfono! —aclaró riéndose—, es el **PORQUÉ**.

—¡Ya lo tengo! —exclamé—. ¿Y si la razón fuera descubrir la clave para encontrar la tumba de Cleopatra y Marco Antonio? —dije señalando el periódico—. Se necesita el gato para encontrar el lugar, ¿no? Debe de haber algo en esa tumba que atraiga al ladrón.

—¡Muy bien, Zoé! —exclamó Matilde—, ésa puede ser una buena pista para encontrarlo.

En ese momento entró Rose con una jarra de limonada fresca ¡deliciosa! y anunció algo que pareció más una advertencia que una información:

—Amanda *pregunta* por vosotros.

¡¡COF!! ¡¡COF!!

Marc empezó, de nuevo, a toser y a ponerse ROJO.

¡¡¡COFF, COFFF!!!

—¡Me estoy ahogando otra vez! —exclamó—. ¡Debe de estar por aquí! ¿Es que **NUNCA** va a dejarnos en paz?

El pesado perfume de Amanda y ella misma irrumpieron en la habitación.

—¿Por qué me habéis dejado plantada, *impertinentes*? —preguntó muy enfadada entrando en el cuarto—. No me gusta que la gente salga a escape cuando llego YO.

¡GLUPSSS!

—Menos mal que esa criatura de los rizos tiene un poco más de educación que vosotros... ¿Cómo se llama? *Soseta*, ¿no? —Rió malévola—. Pobre criatura, le he prometido un PREMIO por portarse bien.

Nos miró acariciando a su gato.

—Este cuchitril puede que tenga posibilidades... —dijo, después de echar una mirada en círculo.

—Sí, Amanda —asintió Matilde.

—Cuando yo tome el mando me encargaré de que todas estas paredes se conviertan en cámaras frigoríficas para mis abrigos de piel. Pobres, pasan tanto calor en verano...

—Claro, Amanda —repitió Matilde—, *¡pobres abrigos!*

—¡No quiero oír tus «sí, Amanda» y «claro, Amanda»! ¡Me pones los nervios de punta! ¡Y tu grupo suena como un gato destripado!

Nails terminó la frase con un **¡MIAUUUUUUUU!** muy poco musical.

Amanda salió tan rápido como había entrado dejando un rastro de su apestoso perfume tras de sí. Pero todavía gritó desde la escalera:

—¡He venido a avisaros de que vayáis preparándoos! ¡Voy a dar una fiesta para el embajador de Rusku, un *gran* amigo mío, y no quiero que me dejéis en **MAL** lugar!

Kira se levantó de un salto y ladró detrás de ella, en clave.

¡GUAU! ¡GUAU!

(Traducción: «¡Amanda es una auténtica peste, igualito que *Nails*!». ¿Entendéis el lenguaje perruno?)

Por cierto, ¿dónde se habría METIDO Liseta?

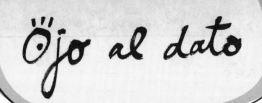

Ojo al dato

En la base del gato hay un jeroglífico que indica el lugar exacto donde se encuentra la tumba de Cleopatra y Marco Antonio. Casi seguro, es lo que busca el ladrón (¡o ladrona!).

¡Si Kira hablara!

Los perros también se comunican. Para ello utilizan la mirada, los movimientos de la cola y orejas, y su voz, el ladrido. ¡Aprende a entender a tu perro!

El lenguaje de

¡Quiero jugar!

Ojos suplicantes, cola que se mueve y patas delanteras estiradas hacia su amo.

¡Estoy muy contento!

Cola que se mueve de un lado al otro.

Estoy enfadado

Cola baja o entre las patas.

¿Pasa algo? Estoy atento

Orejas levantadas y muy derechas.

los perros

Tengo miedo

Orejas hacia atrás, muy pegadas al cráneo.

¡Soy tu perro!

Tumbado boca arriba, con las patas encogidas.

Las joyas de Amanda

¿DÓNDE estaba Liseta? No sólo teníamos que buscar un gato *robado,* sino también a nuestra querida amiga Liseta. Y ¿a qué se refería Amanda con que iba a darle un premio?

¡GUAU! ¡GUAU!

Kira me llevó hasta la puerta de la habitación de Amanda. ¿Estaría allí Liseta? Y lo que era peor, ¿AMANDA?

—¡Amanda no está! —exclamé.

—¿Y cómo lo sabes? —preguntó Marc.

—Porque no toses, ¿ves?

—Es cierto —dijo Marc, tocándose el pecho, sorprendido.

Sólo faltaba averiguar si Liseta estaba dentro de la habitación.

—Eso es fácil —dijo Álex sacando un aparato—: éste es mi *detector de emociones* —nos explicó—. Si Liseta se encuentra ahí dentro, estará EXTASIADA ante los modelitos de Amanda. ¡El índice de emoción se disparará!

—¿Y cuánto marca? —preguntó Marc.

—¡Un noventa y nueve por ciento! —desveló Álex.

Marc y yo respondimos a la vez:

—¡Liseta está AHÍ!

¡PLIS! ¡PLAS! ¡POFFF!

A través de la puerta oímos un tremendo escándalo con una caída final. Empujamos la puerta y entramos. ¡Liseta se había vestido con la ropa de Amanda! y se había tropezado con sus zapatos de tacón.

—¿A que estoy *divina?* —nos preguntó desde debajo de una pamela adornada con frutas.

—¡Liseta, parece que no entiendes nada! —exclamó Marc—. ¿Y todo el entrenamiento en el gallinero? ¡Con la de veces que te he pedido que leyeras el *Manual del Agente Secreto para Principiantes!* —se lamentó.

—Lección número treinta y dos: *Nunca hay que quedarse a solas con el enemigo* —precisó Álex.

—¡Dejadme! —protestó Liseta muy digna, arrancándose la pamela—. Está claro que *no* soy tan perfecta como vosotros, ¡un roedor de papel de imprenta y una loca por los cables!

—¿Y tú? ¡Tú eres una especie de cenutrio con ricitos de oro! —respondió Marc sulfurándose—. ¡Una ameba con manicura!

—¡Tragapapeles! —atacó Liseta muy enfadada.

—¡Destrozasecadores! ¡Atascaduchas! —contraatacó Marc poniéndose rojo, muy **ROJO**.

¡¡¡COFF, COFF!!!

—Mira, ya me he puesto a toser otra vez.

—¿Para qué se pondrá tanto perfume esta mujer? —preguntó Álex—. ¡Hasta su habitación APESTA!

Pues sí: Amanda había invitado a Liseta a su cuarto prometiéndole un premio. Un premio por ser bien educada y *no* salir corriendo como nosotros.

—¡Mira cuántas joyas tiene! —exclamó Liseta impresionada—. Va a prestarme uno de sus collares.

—¡PUFFF! —exclamó Álex—. ¿Para qué se necesita tanta chatarra? Si por lo menos pudieras hacer fotos con esto, o escuchar música...

Había cofres, joyeros y estuches con fondo de terciopelo negro con perlas, diamantes, rubíes y zafiros brillando en su interior. ¡Un tesoro como el de Alí Babá! Y en el centro de uno de los joyeros, dos collares de cuentas de cuarzo rosa

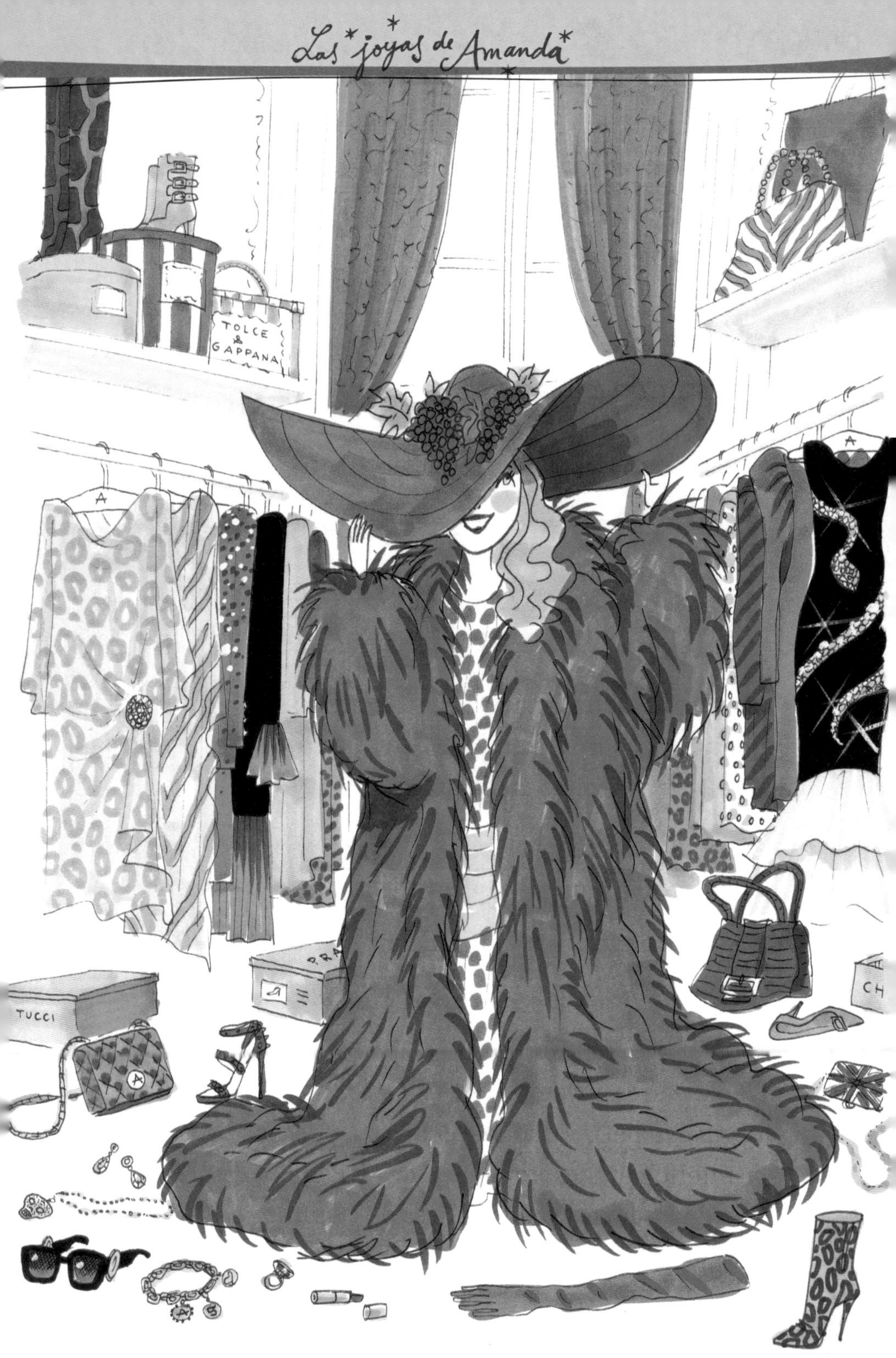
Las joyas de Amanda
TOLCE & GAPPANA
TUCCI
PRA
CH

casi iguales, excepto porque uno se cerraba con un broche con una extraña serpiente que brillaba intensamente...

—Este collar es especial —dijo Liseta—. ¡Lo noto!

Y sacándolo de su estuche lo tocó. Entonces, el collar comenzó a brillar más y más fuerte, hasta iluminar con una luz rosa y extraña toda la habitación.

Liseta:
no te equivoques
de collar. Es el
de las cuentas rosas.
¡Cuidado! Amanda

¡GLUPSSS!

Había que elegir.

—¿Cuál elijo?
—preguntó Liseta.

—Ninguno
—propuso Álex.

—Eso nunca —dijo Liseta dándoselos a Marc para observarlos mejor—. ¿El que brilla o el normal? —nos preguntó.

Entonces *Kira* agarró con los dientes el que tenía el broche y desprendía aquella extraña luz rosa y salió con él corriendo de la habitación.

Joyas con historia

La perla "pelegrina"

La perla más famosa es *La peregrina*. Descubierta en el Archipiélago de Panamá en el siglo XVI, pasó a formar parte de las joyas de la Corona de España.

El diamante Amarillo de los Maharajás de Baroda

El *diamante amarillo* de los Maharajás de Baroda permaneció durante 500 años en el tesoro de estos aristócratas hindúes.

El Koh-i-Noor

El *Koh-i-Noor* fue el diamante más grande del mundo y se remonta a más de 5.000 años de antigüedad. La piedra pasó de un emperador a otro en la región de la India hasta que llegó a formar parte de las Joyas de la Corona de Inglaterra con la reina Victoria.

Una pista por los pelos

A la mañana siguiente, nos fuimos al museo. Nuestra búsqueda iba a comenzar...

—También podríamos aprovechar para echar un vistazo a la obra maestra de Leonardo —sugirió Marc—, ¡la Gioconda!

—Yo creía que se llamaba Mona Lisa —apuntó Álex.

—¡Es lo mismo! —señaló Marc—, se la llama de ambas maneras.

Matilde aprobó la propuesta y fuimos para allá. Marc fue el primero en descubrir el cuadro bajo el vidrio que lo protegía.

—Es impresionante.

—¿A ver? —dijo Álex acercándose con su lupa para observarlo a través del cristal.

Uno de los vigilantes se acercó hacia nosotros, muy mosca.

—¡Usted, señorita! —llamó dirigiéndose a Álex.

—¿Yoooo? —preguntó Álex escondiendo su superlupa detrás de la espalda.

—Sí, sí, usted... No se puede acercar tanto a las obras. Aléjese, por favor.

—¡Ay!, si yo juraría que es falsa...

¡¡¡LA MONA LISA!!!

Marc la apartó indignado. ¡La Gioconda, la obra maestra de Leonardo!

—¿Cómo van a exhibir una obra falsa en un museo, zoqueta de la era digital? —se enfadó Marc.

—Así nadie la robaría —aventuró Álex.

Liseta la atrapó por la manga y la dejó en manos de Matilde.

—¡Venga! —dije—, vamos a lo nuestro.

—Lo que tú digas, Zoé. —Marc salió el primero hacia la sala de las antigüedades egipcias—. ¡Oh-oh! Tenemos un problema...

—Pero si hemos pasado la entrada —dijo Álex.

—Ya, pero va a ser difícil colarse en la sala donde estaba el gato. ¡Mirad!

Cierto.

Varios operarios trabajaban organizando una exposición sobre la Vida en Egipto precisamente... en aquella sala. Un gran letrero impedía el acceso.

¡PROHIBIDO EL PASO!

—A que consigo que entremos —nos retó Liseta. Todavía estaba molesta por el embarazoso episodio del cuarto de Amanda—. Vais a comprobar para lo que sirve mi BOLSO —dijo mientras metía la mano y rebuscaba en el fondo.

Y sacó, en este orden: vendas, sombras de ojos, varias pelucas, un papiro* y papel de plata de chocolatina. ¿El bolso de Liseta era *mágico* o qué? ¡Ahí cabía de todo!

Matilde comenzó nuestra transformación: un poco de vendas por aquí, y otro poco de sombra de ojos por allá y... ¡hecho! ¡Éramos una banda perfecta... de egipcios!

—¡Yo no quiero ir de momia! —gritó Álex—. ¿Por qué siempre me tiene que tocar a mí el disfraz más **FEO**?

El vigilante que había llamado la atención a Álex volvió a mirar hacia nosotros. Liseta le sonrió, disimulando.

—¡No nos quita ojo! —siseó Matilde, que también le sonrió.

HUMMMM...

Liseta se sacudió la melena y se llevó la mano al collar que habíamos tomado *prestado* del joyero de Amanda.

—¿Te lo has traído? —preguntó Marc asombrado.

—Pues claro —respondió Liseta jugueteando con las cuentas—. Aunque no venga en el *Manual del Agente Secreto para Principiantes*, he estado probando de lo que es capaz.

De repente, el collar comenzó a desprender aquel BRILLO extraño de tono rosado. Los ojos del vigilante se desviaron de nosotros, se pusieron en blanco y... ¡el vigilante comenzó a silbar una canción olvidándose completamente de nosotros! Entonces, confundidos con las figuras egipcias de la exposición, nos colamos en la sala. Pero ¿qué efectos tenía el collar de Amanda? Cuando brillaba, volvía a la gente *loca*...

¡por la
MÚSICA!

Mis museos favoritos:
El Louvre

Es el museo más visitado del mundo y, por la riqueza de sus colecciones, el más importante. Ocupa el antiguo palacio de los Reyes de Francia desde que se abrió al público en 1793. Contiene obras maestras desde la antigüedad hasta el Impresionismo, y entre las más relevantes están:

Las notas de Marc

La Gioconda
de Leonardo da Vinci

Es, quizá, el cuadro más famoso del mundo. Lo pintó Leonardo da Vinci entre 1503 y 1506, y la modelo podría haber sido su vecina, la Gioconda, la esposa de Francesco Bartolomeo del Giocondo. Desde hace cientos de años pertenece al Estado francés. En 1911 trataron de robarlo, y desde entonces está rodeado de fuertes medidas de seguridad y protegido tras un cristal.

La encajera
de Johannes Vermeer

Es una de las obras maestras de este pintor holandés, realizada entre 1669 y 1670. También es la de menor tamaño que pintó. Es una pieza exquisita que se centra en la figura de una joven encajera. Gracias a sus colores y a la luz, crea una gran sensación de intimidad.

La Venus de Milo

Es una escultura en mármol de más de dos metros de autor desconocido, si bien algunos historiadores del arte dicen que pudo ser obra de Alejandro de Antioquía. Es una de las piezas más famosas del mundo, y la más representativa del período helenístico de la escultura griega. Se cree que se hizo entre los años 130 y 100 a. C., y representa a Afrodita o Venus, la diosa de la belleza y el amor.

La Victoria de Samotracia
de Pithōkritos de Rodas

Es otra magnífica escultura del período helenístico de casi dos metros y medio, y esculpida en el año 190 a. C. De gran dinamismo en su composición y mucha belleza. Procede de una excavación en el santuario de Cabiros, en Samotracia, y simboliza el triunfo de los habitantes de Rodas en una batalla naval.

Los trucos de Álex

*En el museo

- **NO te acerques demasiado a las obras.**
- **NO hables en voz alta.**
- **NO corras.**
- **NO comas.**
- **NO bebas.**
- **NO te pelees con tus hermanos (si los tienes).**
- **NO pongas cara de tonto si NO entiendes algo.**
- **NO digas que eso es tan fácil que lo haces tú o tu hermano de tres años.**
- **Y sobre todo, NO toques NADA.**
- **NO dejes de preguntar lo que no entiendas.**
- **Y NO tiene por qué ser aburrido, a pesar de todo lo anterior.**

PAPIRO →

*Papiro: es el antiguo soporte de escritura de los egipcios. Se fabricaba con una planta acuática llamada *papiro* que era muy común en el río Nilo. Es el origen de la palabra *papel*.

La banda de los faraones

—¡Zoé, lo hemos conseguido! —exclamó Liseta.

¡¡¡¡SÍÍÍÍ!!!!

—¡Shhh!, no hagamos mucho ruido —susurró Matilde—. ÉSTA es la sala donde se produjo el robo.

—Tenemos que encontrar alguna pista, algo que delate a los ladrones —apuntó Marc.

De repente, estábamos rodeados de vigilantes y operarios trabajando, pero también de sarcófagos y momias egipcias... **¡¡UUUHHH!!** Y la verdad, no desentonábamos ni lo más mínimo. ¡Parecíamos **La banda de los Faraones** en lugar de La Banda de Zoé! En el centro, una peana vacía indicaba el lugar en el que se había exhibido la estatua del gato. Marc se acercó.

—Efectivamente, aquí dice que en el jeroglífico de su base está la pista para encontrar la tumba de dos amantes inmortales: **CLEOPATRA Y MARCO ANTONIO.**

—Y no sólo eso...

Liseta sacó unas gafas de su enorme bolso y se inclinó.

—¡**Oh!** ¡**Oh!** —gritó excitada.

—Ya está con sus grititos —bufó Álex—. ¿Se te ha roto una uña o es que el color de los sarcófagos no PEGA con el de la pared?

Liseta se levantó ofendida y la miró con sus enormes pestañas entornadas.

—Pestañas —pronunció Liseta lentamente—, y juraría que postizas...

Un par de pestañas solitarias descansaban sobre el lugar en el que debía haber estado la escultura.

—¡Tenemos que hacernos con ellas! —exclamó Marc—. Seguro que son una pista importante.

—¡Liseta! —ordenó Álex—. ¡Rápido, el collar!

Dicho y hecho. Liseta se llevó la mano al collar con gesto delicado y todos los empleados y visitantes del museo ¡comenzaron a silbar!

—**¡Qué bien entonan así todos juntos!** —dijo Álex sorprendida.

—¡Vamos, déjate de canciones y a trabajar!

Marc levantó la campana de vidrio para que Álex, con unas pinzas, tomara las pestañas y las guardara en una pequeña bolsa de plástico.

—**¡Ahora!** —grité.

Y entonces salimos a toda pastilla y de *perfil*... como los egipcios de las pinturas que había en la sala. Lo único que no tenía que haber hecho *Kira* era ladrar.

¡GUAU!

Las notas de Marc

Claves para entender el arte del Antiguo Egipto

¿Por qué representa faraones y dioses en su mayoría?

Porque el arte egipcio tiene carácter religioso o funerario en su mayor parte.

¿Por qué las figuras tienen diferente tamaño en la misma pintura?

Para determinar su importancia. Los más relevantes tenían un tamaño mayor (el faraón, más grande que las otras figuras, por ejemplo).

¿Por qué las estatuas siempre miran al frente?

A esto se le conoce como la «Ley de la frontalidad». Sus esculturas estaban hechas para ser vistas de frente.

¿Cómo consiguieron construir las pirámides casi cinco mil años antes de nuestra era?

Porque las matemáticas y las artes estaban extraordinariamente desarrolladas.

¿Y por qué no quedan restos de casas ni de otros edificios que no sean templos funerarios?

Porque para éstos utilizaban piedra cortada en bloque y para el resto, viviendas o murallas, usaban el adobe, que es una mezcla de barro y paja que no tiene la permanencia de la piedra.

Ojo al dato

El ladrón o ladrona ha dejado un par de pestañas en el lugar del robo. Si encuentran a quién pertenecen... ¡tendrán a la persona que se llevó el gato del museo!

La cena con el embajador

Con las pestañas en el bolsillo, volvimos corriendo a casa. El tiempo volaba y teníamos que prepararnos para la cena de Amanda.

Liseta entró en casa al grito de: «¡No tengo nada que *ponerme*!», y comenzó a sacar vestidos y a probárselos (y a desecharlos, tras consultar la opinión de *Kira*). Después de la *trigésimosegunda* prueba delante del espejo, la cara de Álex empezó a ponerse de un extraño color **VERDE**.

—¡Creo que voy a vomitar! —exclamó—.
¡ARGGGH!

—Pero si sólo me he probado treinta y dos vestidos... —protestó Liseta—. ¿O son treinta y tres?

Al final Rose solucionó el problema: ¡papá había pensado en el vestuario para todos! Y había acertado... con el rosa para Liseta, claro.

Y Matilde estaba realmente ¡Espectacular!

Llegó la hora de la cena. No sé si habéis visto alguna vez a un embajador, pero si no es así, vale la pena. Yo, en el gallinero, no había visto a ninguno, y eso que allí entra y sale muuucha gente. Aunque, para ser exactos, más

gallinas que gente. Sí, sobre todo gallinas, aunque se crean perros.

El embajador de la República de Rusku tenía una gran barriga, hablaba con un acento muy raro y besaba la mano a todas las mujeres, incluidas Álex, Liseta y yo.

—Querrrida señorrra, perrrmítame —dijo inclinándose sobre la mano de Amanda, que entró con su gato y un vestido muy recargado. *Nails* enseñó los dientecillos...

GRRRR

—Quite de ahí, Moskaiowski; me está usted aplastando el modelo, creación de mi querido Jean Paul —protestó Amanda.

—Disculpe mi torrrpeza, *madame*; es su belleza que me aturrrulla y me hace comporrrtarrrme como un burrrrdo *okapi** indigno de su salón.

Papá saludó al embajador llamándolo *Moska* con una palmada en la espalda. Nos anunció que para amenizar la cena había preparado una sorpresa musical:

¡FRENCH CONNECTION!

—¡Genial! —exclamó Amanda, dando saltos de alegría.

Álex me miró extrañada.

—No entiendo nada... Pero ¿no había dicho que sonaban a *gato destripado*? Amanda me provoca una sensación muuuuy raraaa —se quejó.

—**¡SHHHH!** —protestó Amanda—. Estos golfillos no dejan escuchar nada, ¡ni buena música!, *darling*...

¡**ARGGHHH**! ¡Los comentarios de Amanda estaban afectando a Álex, que se volvía más verde que nunca!

—¡Marrravillosos! ¡Tienen que venirrrr a Rrrrusku a darrr un concierrrto —pidió el embajador.

Amanda se puso en pie y aplaudió a rabiar.

—¡Bravo! —exclamó—. ¡Tú aplaude también, *Nails*!

Y entonces...

¡AARGHHHH!

¡Uy, Álex, LO que hizo!

—Lo siento —se disculpó—. *Algo* me ha sentado mal...

—¡Qué asco! —gritó Amanda—. ¡La creación exclusiva de mi querido Jean Paul! ¡Esta niña, o lo que sea, es una *terrorista* de la MODAAA!

Amanda salió a cambiarse, de muy malas pulgas. ¿Cuántos vestidos tenía aquella mujer? Cuando se fue, papá sacó el tema del caso del ROBO del gato milenario.

—La policía sigue sin tener ninguna pista —reveló.

—¡La policía no lo sabe todo! —exclamó Álex—. Nosotros tenemos una *pis*...

—¿Sí, querida? —preguntó Amanda melosa, entrando en la habitación.

—**¡Ay!** —gritó Álex. Liseta acababa de hacerla callar de un PISOTÓN. ¡UF!

—Quiso decir *una pis... cina* —aclaró Liseta—. Es que tenemos tanto calor...

—Perrro ¡si estamos en marrrzo! —exclamó el embajador—. Y además, ¡hace un frrrío que pela!

No entendía NADA. Amanda acarició a *Nails* suavemente: los ojos del gato lanzaron UN destello... ellos sí que lo entendían ¡TODO! Conque una piscina... **¡Ya!**

*Okapi: es el animal más raro que hay.

¡Tiene cabeza de jirafa y cuerpo de cebra!

El diario de Liseta

Los colores

El **rojo** es el color favorito de Zoé.

El **rosa** es mi color favorito.

El **amarillo** es el favorito de Marc.

El **azul marino** es el favorito de Álex.

LOS BÁSICOS: el rojo, el azul y el amarillo.

Con estos tres colores puedes conseguir todos los del arco iris.

Por ejemplo: Rojo + Amarillo = **Naranja**

Amarillo + Azul = **Verde**

Azul + Rojo = **Violeta**

La libreta de Zoé

La ropa favorita
de mi hermana Matilde

¡Encerrados!

Al día siguiente de la cena del embajador, Amanda convenció a papá de que era mejor *que nos quedáramos TODOS en casa*. **¡Por culpa de Álex y sus problemas de estómago!**

Ella iba a estar muy ocupada: cita en el salón de belleza, desfile de Jean Paul... Pat, su asistente personal, pasó un DÍA entero arreglándole todas las citas.

—¿Aquí todo el mundo *tiene* un asistente personal? —preguntó Álex extrañada—. Qué vagos, ¿no?

Pues, menos Matilde, parecía que sí.

Pero lo peor fue que Amanda convenció a Liseta de que le revelara **CUÁL** era la pista que habíamos encontrado.

—¡*Tuve* que hacerlo! —sollozó Liseta—. Prometió que me prestaría uno de sus trajes de Jean Paul.

—¡Ahora ya sabe que quien robó el gato se dejó allí las pestañas... y postizas! —exclamé.

La tensión iba creciendo allí dentro.

—¡Necesito salir! —explotó Marc—. Ya me he terminado el tercer tomo de Reinas de Egipto y el primero y el segundo... ¡Quiero el cuartoooo!

—¡Ja, ja! —rió Matilde—. Yo también tengo que salir de aquí, tenemos una GIRA de **FRENCH CONNECTION** y ¡nos hemos quedado sin guitarra!

—Ya está —dije poniéndome seria—, saldremos de la casa como sea.

—Está bien, Zoé —dijo Matilde—, iremos a buscar el origen de las pestañas y, de paso, buscaremos a un nuevo guitarra para el grupo.

¡HECHO!

—Pero primero tenemos que dar esquinazo a Amanda —dije.

¡GUAU, GUAU!

(*Kira* también tenía *algo* que decir...)

—¡Sí, claro! —traduje del lenguaje perruno—. ¡Y al querido *Nails*!

—Pero ¿cómo? —preguntó Álex.

—Lo de *Nails* es fácil —se jactó Liseta tocándose el collar—, **¡le encanta la música!**

—Ja, ja... —rió Álex—. Se va a quedar *alucinado* en cuanto Liseta haga brillar el collar de su ama.

—¿Y Amanda? —preguntó Marc.

Teníamos que pensar en algo, ¡y rápido! Pensando, pensando... Eran las cinco de la tarde. A esa hora todos los días venía una furgoneta. Una *gran* furgoneta en la que metían los modelitos usados de Amanda para llevarlos a la tintorería.

—¡Ya lo tengo! —grité, sin poderlo remediar.

Utilizaríamos las armas de Amanda. Y saldríamos por nuestro propio pie camuflados entre sus vestidos.

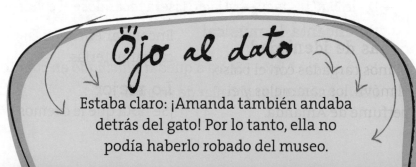

Ojo al dato

Estaba claro: ¡Amanda también andaba detrás del gato! Por lo tanto, ella no podía haberlo robado del museo.

Pat

Éste es Pat

Nombre
Pat (o Pat-oso, o Pat-ata, según el humor de Amanda).

Ocupación
Asistente personal de Amanda (es decir, esclavo).

Señas de identidad
Manos cargadas con el bolso, el móvil, los caramelos y el perfume de Amanda.

Especialista en
Encontrar enchufes para cargar baterías.

Lo mejor
¡Se nota que le caemos bien!

¿Quién es ese chico?

¡Ya estábamos en la calle!

—¡Bravo, Zoé! —exclamó Matilde cuando estuvimos a salvo.

Entonces, debíamos seguir nuestro plan.

—Tenemos que encontrar de dónde provienen estas pestañas, así llegaremos hasta su propietaria —dije— y sabremos QUIÉN robó el gato.

Liseta las examinó con ojo experto.

—Mmmm —musitó—, son de muy buena calidad. Diría que están hechas de pelo humano.

ARGHHHH. Un escalofrío helado me recorrió la espalda. Álex sacó su enorme lupa de mil aumentos.

—¡No es pelo humano, exagerada! Es plástico. Pero aquí hay algo escrito... —exclamó—. Y aquí está la marca: *SHEDA*. **¿Qué querrá decir?**

Marc sacó una de sus guías de la mochila.

—SHEBA, SHEEBA, SHEDA... ¡Hay una **Madame SHEDA**! —exclamó—, y una dirección. Es una tienda —precisó.

—Todavía tenemos tiempo —dijo Matilde, consultando su reloj—. Podemos hacer el *casting*.*

—¿Y eso qué es? —preguntó Álex.

—La prueba para encontrar al guitarra —respondió Liseta, que siempre está al tanto de todas las palabras raras.

Tomamos el metro para ir más rápido hasta la sala en la que iban a hacerse las pruebas para **FRENCH CONNECTION**. Matilde se había puesto sus enormes gafas de sol para pasar inadvertida pero...

—¡Es Matilde, la cantante de *FRENCH CONNECTION*!
—La reconocieron rápidamente.

Matilde sacó el bolígrafo especial para firmar autógrafos y se detuvo ante sus **FANS**. Después de un rato, nos despedimos de ellos con prisas... se nos hacía tarde. En la esquina, un chico cantaba y tocaba la guitarra a la vez.

—¡Mira! —señalé a Matilde—, ahí hay un chico que TOCA muy bien.

—No tenemos tiempo; ¡se nos escapa el tren! —gritó mi hermana empujándome dentro del vagón.

Al llegar a la sala, ya había una larga cola de candidatos. El primero tenía la *pinta* de un buen guitarra, ya sabéis: pelo largo, cazadora de cuero y camiseta con una calavera...

TRANNN-RENCHHHH-CRÍIIIII-NCHHHHGGG

... pero nada más.

—Gracias, ya te llamaremos —dijo Matilde.

—¿ESTO es un *casting*? —preguntó Álex sacándose los tapones de algodón de los oídos—. ¡Ahora sé lo que significa la palabra **DESTRIPAGATOS**!

—¡Siguiente! —llamó Matilde, y siguió con la selección.

Éste NO tenía la pinta de un guitarra de una banda rock. Pelo planchado, jersey de pico y los zapatos bien lustrados por mamá.

—¿Conocimientos de música? —Liseta había tomado el mando de las preguntas.

—Diez años en el Conservatorio. Nivel avanzado de clavicémbalo, arpa y tuba circular...

—Ya. ¿Y guitarra?

—Soy un virtuoso.

¡Guuauuuu! (Esa vez no fue *Kira*, fui yo.) Tocaba de miedo, pero el resultado fue DESCORAZONADOR.

—Lo siento, no sabía que buscabais un guitarra para una banda de rock. Lo mío es más *clásico*...

Liseta hizo varias preguntas más a los candidatos que quedaban. Dos chicas pensaban que en vez de guitarra se buscaba un ukelele* y los tres últimos sólo sabían hacer como que tocaban la guitarra, pero *nada* más. Decidimos dejarlo para otro día y pasar al **Plan B**: buscar el origen de las pestañas. Marc sacó la guía con el plano de la ciudad.

—Es mejor que volvamos al metro para llegar a la tienda de Madame Sheda.

Asentimos y fuimos tras él. A esas horas el metro estaba lleno de gente. En uno de los pasillos se había formado un *corrillo* en torno a un músico callejero. ¡Un momento! Era el mismo chico de la ida, el que tocaba en uno de los pasillos...

—¡Espera, Matilde! —dije sujetando a mi hermana—, es el chico de antes. ¡Toca muy bien!

—Desde luego —dijo Liseta—. Y además, ¿no es **GUAPÍSIMO**?

—Es cierto —dijo Matilde—. ¡Qué guapo!

—¡Voy a sacar el medidor de decibelios —apuntó Álex—. ¡Éste SÍ es el bueno!

Era PERFECTO.

Su nombre era PAUL.

FRENCH CONNECTION YA tenía un nuevo guitarra.

¿Quién ha dicho que para encontrar algo hace falta buscarlo?

El diario de Liseta

¡Atención, *fashionistas*!

Casting: Es una palabra inglesa que se utiliza para una prueba o audición. Por ejemplo, en un *casting* se elige a los cantantes para un musical.

Los trucos de Álex

Decibelios

son la unidad de medida del Sonido y su signo es dB. Para que te hagas una idea y te protejas del ruido:

140 dB	MÁX	Te duelen los oídos
110 dB		Concierto de French Connection
90 dB		Tráfico de la calle
70 dB		Aspiradora para limpiar la moqueta
50 dB		Gente en el metro
40 dB		Conversación entre Zoé y Matilde
20 dB		Marc susurrando en la biblioteca
10 dB		Respiración tranquila de *Kira*
0 dB		¡Silencio total!
	MÍN	

* Ukelele

Es un pequeño instrumento de cuerda, como una guitarra diminuta, que procede de las islas Hawai.

¡La encontramos!

FRENCH CONNECTION ya tenía un nuevo guitarra.

—Paul, me llamo Paul —dijo sonriendo—, y lo que *más* me gusta es la música.

Liseta suspiró, y Matilde... ¡y hasta *Kira* ladró de una manera *especial*!

Paul tocaba en el metro desde hacía unos meses.

—Pensé que era una buena manera de que la gente me conociera, ¡y así ha sido!

Formar parte de **FRENCH CONNECTION** le parecía ¡GENIAL!

—Pero ¡si es mi grupo favorito! Perdona —dijo Paul dirigiéndose a Matilde—, no estaba seguro de que fueras *tú*... Pensé que las estrellas estabais siempre entre *limusinas* y aviones.

—Bueno, pues no estás muy equivocado... —comenzó Álex—. ¡¡AY!!

El tacón de Liseta había vuelto a hacer de las suyas... y Álex había callado, **¡menos mal!**

Después de contarle la historia del robo del gato y nuestro plan, Paul se colgó la guitarra de la espalda y subió al vagón con nosotros.

—¡Contad conmigo! Os ayudaré en lo que pueda.

—¡En marcha! —exclamé entusiasmada—. Seguro que encontramos la pista definitiva y podemos alejar las sospechas de papá.

Éste es Paul...

¿no creéis que es GUAPÍSIMO?

I ♥ PAUL

—Y devolver la escultura del gato al museo —precisó Marc.

—¡Y darle su merecido a quien haya sido! No sé por qué, tengo una vaga sospecha... —dijo Álex.

—No adelantemos acontecimientos —cortó Matilde muy prudente—. Ahora, a la tienda de Madame Sheda.

Salimos del metro a la calle.

—No debe de andar muy lejos... La dirección es aquí —dijo Marc, con su guía en la mano.

¡GUAU, GUAU!

Kira ladró y me tiró de la manga. ¡Qué raro!

—¿Sí, *Kira*? —pregunté, acariciándole la cabecita.

¡¡¡GUAUUUUUU!!!

—Esperad —dijo Álex—, voy a sacar mi orientador fotovoltaico, no falla nunca.

Álex quería girar a la derecha, pero *Kira* me arrastraba hacia el centro.

¡¡¡¡GUUAAAAAAAAUUUUUUUU!!!!

¡Claro! ¡Ahí estaba! ¡Delante de nuestras narices!

Era una tienda... cochambrosa. Debajo de su nombre, había otro cartel más pequeño.

Para un look totalmente artificial

Prótesis

Pelucas

Disfraces

Maquillaje

—Qué raro —dijo Marc—, lo normal es querer ser *natural*, ¿no?

—¡No todo el mundo; mira a Amanda! —respondió Álex.

La puerta estaba abierta y se oía **GRITAR** a una mujer ¡presa de rabia!

—¿Entramos? —propuse, pero nadie se movió ni un milímetro.

¿Acaso les daba miedo entrar en la tienda de Madame SHEDA?

Aquí hay gato encerrado

Al final lo echamos a suertes: Paul, Marc y *Kira* se quedarían de guardia fuera de la tienda de Madame Sheda. A Álex, Liseta, Matilde y a mí nos tocó entrar.

Una silueta de mujer se acercó desde el fondo, con un **GATO** ronroneando entre los brazos.

—¡Sssssoy Madame SSSHEDA —dijo siseando la ese como si silbara una serpiente— y ahora misssmo acabo de ssufrir un percance!

¡Quitaosss de en medio!

La tienda parecía una leonera, como después de una pelea... o un robo. Y Madame Sheda estaba *visiblemente* furiosa.

¿O sería siempre así?

—¡E-jem! —titubeó Álex confusa.

—Necesitamos unas pestañas... —dije antes de que Álex lo estropeara.

—*Postizas* —completó Matilde.

—¡Je, je! Todo artificial... —añadió Álex.

—¡COMO ÉSTAS! —dijo Liseta, sacando un paquetito de su bolso, además de una agenda gigante, su neceser de primeros auxilios y una chaqueta por si refrescaba.

Álex metió la mano, extrañada, dentro del bolso a ver si quedaba *algo*, pero nada. Aquél era el bolso más **ÚTIL** que habíamos visto jamás.

—Déjamelasss ver, *niña* —exigió Madame Sheda.

Era raro. Parecía joven, o al menos NO parecía vieja. Pero cuando extendió los dedos hacia Liseta hubiéramos dicho que esa mano cubierta de venas y con la piel del color de un papiro egipcio tenía por lo menos **¡CIEN años!**

Liseta se echó para atrás, asustada.

—Te-tenga —balbuceó acercándole el paquete.

—Sssí —dijo la dueña—, parecen de aquí. En ningún sssitio se fabrica una calidad como éssta. Pero ¡NO sson míasss! **¡¡Y ya no me quedan MÁSSS!!** —gritó.

—Las encontramos en el MU... —comenzó a decir Álex— **¡ay!**

¡Ya iba a hacerlo otra vez! Menos mal que Liseta y sus tacones estaban siempre preparados.

—¿DÓNDE? —quiso saber Madame Sheda.

—En el mu... mueble de nuestra querida tía Gladys —explicó Matilde—. Querríamos regalarle otras iguales.

—Es que la pobre ha perdido las suyas... —empezó Álex— de tanto... *estudiar*...

Madame Sheda se acercó interesada.

—¿Y? —preguntó.

—**¡Pobre tía Gladys!** —insistió Liseta—. Su aspecto es *muy* importante para ella.

—Me gustaría conocer a essa tía Gladysss vuessstra, **¿NO LE GUSSTARÁN LASSS ESSSCULTURASS DE GATO CON PINTA DE EGIPCIO?** —preguntó soltando el suyo bruscamente—. Ssseguro que esssá hasssta la coronilla de bregar con una panda de sssobrinasss tan cargante como vossotrasss.

—¡Uy —dijo Liseta—, no puede ni imaginarse lo insoportables que somos!

—Sssí —susurró Madame Sheda—, creo que puedo *imaginármelo*.

—Ayúdenos... Ella siempre ha querido tenerlo todo... *artificial...* —empezó a explicar Álex.

Liseta levantó el pie, con el tacón preparado para atacar y hacerla callar de nuevo.

—Habéisss debido de quemárssselasss vossotrasss con vuessstra essstupidez —contestó Madame Sheda.

—Pobre tía Gladys —sollozó Álex muy falsamente—, parece una...¡gallina!

Esto pareció enfadar más aún a Madame Sheda, que atrapó a su gato y lo pellizcó de la rabia que le dio.

—Gallina... **¡Gallina te voy a dar yo a ti!**

Gallina... en pepitoria, niña repelente. Pero a vuestra tía... me gusstaría conocerla —dijo—. Ssseguro que va al Sssalón de Belleza del Doctor YIANG, ¿verdad? Un lugar muy exclusssivo donde no admiten **PIOJOSSS** como vosssotrosss —dijo con los ojos enrojecidos.

—Eeeh... sí —dije—, al Salón de Belleza del Doctor Yiang va... ¡siempre! —me inventé.

—Pues id a busscarla allí, ¡arreando, *sssabandijasss*!

¡¡Y SI VEIISS A ESSE GATO, TRAÉDMELO AQUÍ!!
Y AHORA, ¡¡¡FUERA DE MI TIENDAAA!!!

No hizo falta que nos lo repitiera. Salimos empujándonos, con Álex a la cabeza hasta llegar a donde nos esperaban Paul, Kira y Marc.

—¡Zoé, he descubierto algo! —dijo Marc al vernos—. ¿Sabéis lo que es un anagrama?

—¿UN *anaqué*? —le pregunté, todavía sin aliento—. Marc, no tenemos tiempo para tus jueguecitos.

—Zoé, es importante. Mira lo que he descubierto.

Y me enseñó en su libro:

Anagrama:
Palabra formada con las mismas letras que otra pero en distinto orden.

Ejemplos:

ROMA-AMOR
GATO-TOGA
HOLA–HALO

—¡SHEDA! ¡Es el anagrama de HADES!

—¡Tienes razón! —dije rápidamente—. Además, he notado algo RARO, pero no sé qué es...

—¡Yo sí! —dijo Liseta—. A Madame Sheda le faltaban la mayoría de las pestañas.

¿Dónde las habría perdido?

Öjo al dato

Todo apunta a que Madame Sheda es la autora del robo en el museo. Pero entonces,
¿por qué busca el gato?
¿Y por qué su tienda está tan desordenada?

¡Cuidado, Zoé!

Madame Sheda ha salido de la tienda por la puerta trasera. Sospecha de tía Gladys, y seguirá a **La Banda de Zoé** por dondequiera que vaya.

¡Lástima que tía Gladys no existe!

*Ralentí. Número de revoluciones por minuto a las que debe mantenerse un motor para seguir en funcionamiento.

Las notas de Marc

Jugar con las palabras:

Anagramas y Palíndromos

Los palíndromos

Un **palíndromo** es una palabra o una frase que se lee igual de derecha a izquierda que de izquierda a derecha. Por ejemplo:

ANA

OSO

¿ACASO HUBO BUHOS ACA?

DÁBALE ARROZ A LA ZORRA EL ABAD

Léelas en cualquier sentido y verás que dicen ¡lo MISMO!

El salón del Doctor Yiang

Madame Sheda, sin quererlo, nos había dado una pista. Así que nos fuimos para allá.

Salón de Belleza Exclusivo del
Doctor Yiang

TRATAMIENTOS ESPECIALES

Lodos del Mar de las Lágrimas
Inyecciones de Glándulas de Ñu

Y debajo del letrero en el que anunciaban los tratamientos que proporcionaba el doctor Yiang:

CLUB PRIVADO

PROHIBIDA LA ENTRADA A:

Piojos y liendres
Gusanos, cucarachas y roedores
¡¡¡Niñas!!!

¡Las chicas NO podíamos entrar! ¿Cómo lo haríamos?

Salón de Belleza Doctor Yiang

—¡Esperad! —dijo Liseta—, ¿quién va a saber que somos niñas? —Y apoyó su bolso en el suelo. De él salieron gorras en las que ocultar los rizos de Liseta, chaquetas masculinas y hasta un BIGOTE para Matilde.

—¿Y yo? —preguntó Álex.

—¿Tú? —dijo Liseta, echándole un vistazo de arriba abajo—. Yo creo que cuelas tal cual.

El Salón de Belleza del Doctor Yiang tenía una entrada muy grande, «un *hall*», precisó Marc. Era como un enorme laboratorio. Y en la pared, un extraño cuadro con una serpiente... junto a las Normas del Club.

Una señora rubia muy parecida a Amanda atendía al teléfono.

—Venimos a revisar el sistema de seguridad —anunció Paul con la mejor de sus sonrisas.

—Mmm... no recuerdo haber llamado —respondió la mujer levantando la vista—. Y ¿hace falta que venga **TODA** esta gente?

—Bueno, queremos darle el mejor servicio, somos un equipo *especializado* —contestó Paul, guiñándole un ojo.

—¡Eso! ¡Somos los mejores! —añadió Marc.

Entramos detrás de ella al salón. ¡Aquello era como la jaula de las cotorras del zoo! Decenas de mujeres envueltas en albornoces y con toallas en la cabeza parloteaban. Sus caras estaban cubiertas de sustancias VERDES o MARRONES y... ¡olían FATAL! ¡PUAGHHH! La peste nos echó hacia atrás.

¡Y bajo aquellos barros, todas eran como hermanas GEMELAS de Amanda!

—Esto es un club **MUY** privado —nos aclaró la recepcionista—. Trabajamos con los famosos *lodos* del doctor Yiang, te quitan diez años en media hora. —Suspiró—. Pero tienen un PROBLEMA... bueno, dos. Primero, sus efectos no duran más que TRES días... ¡así que tenemos el salón de belleza siempre *lleno*! Y luego, otro pequeño *problemilla*... de OLOR. De mal *olor* —precisó, bajando la voz—; no hay manera de quitárselo...

—¡Qué asco! —exclamó Álex—. Qué olor tan FÉTIDO.

—Es *excremento* de simio —aclaró orgullosa la recepcionista—, pero quita arrugas como nada.

—¿Y eso qué es? —preguntó Liseta.

—*Caca* de mono —puntualizó Marc.

—Sí —afirmó nuestra guía—, ayuda a activar la fórmula del lodo. —Rió—. Pero tiene efectos secundarios... Algunas aprovechan el *olorcillo* para... ya sabéis; si ya hay una **PESTILENCIA** de alcantarilla *podrida*, un poco más da igual.

Avanzamos con la nariz tapada por entre las señoras, que no parecieron notar nuestra presencia, ocupadas como estaban en sus *agitadas* conversaciones:

—¡No pienso volver por aquí a menos que este doctorcillo encuentre algo *que funcione* —dijo un clon de Amanda—.

¡Cada vez duran menos los efectos y casi parece que tengo la edad que tengo!

—¡Ni yo! —le aseguró una larguirucha con nariz ganchuda muy parecida a Amanda también—. Tiene que darnos ese otro tratamiento que nos prometió. Éste es una **PORQUERÍA**.

Estaban muy alteradas. ¿Y qué era aquello de *otro* tratamiento más eficaz?

—¿Y cómo hacen para combatir la PESTE que llevan encima? —preguntó Marc, que ya notaba un cosquilleo familiar en la nariz.

—¡Litros y litros de perfume! —explicó la recepcionista—. Pero tiene que ser del más pesado que hay.

¡¡¡COFF, COFF!!!

Marc empezó a toser sin remedio.

—Vaya, vaya —dije—. No se por qué, me ha parecido ver a Madame SHEDA detrás de esa palmera. Pero es ¡imposible!

¿Va a ser AMANDA quien esté por aquí...?

SALÓN EXCLUSIVO DOCTOR YIANG

DESCUENTOS ESPECIALES PARA SOCIAS CLUB HADES

Reducción en la cuota a partir del tercer marido
•
Promociones en las peleterías más prestigiosas
•
Perfume de Oferta: Eau de Pest-Azo

El diario de Liseta

Mis trucos de belleza

1 Todas las noches me lavo la cara con agua fría y los dientes con pasta dentífrica.

2 Me cepillo el pelo con cuidado de no partirlo, sin darme tirones.

3 Una vez a la semana, hidrato mi piel con MASCARILLA DE MIEL, LIMÓN Y YOGUR, que se prepara del siguiente modo:

Una cucharadita de miel
Unas gotas de limón exprimido
Una cucharada sopera de yogur (natural)

Lo mezclo todo y lo aplico sobre la cara dejándolo al menos diez minutos. Después lo retiro bien y me lavo la cara con agua bien fría. ¡Genial!

4 Y para el pelo... TRATAMIENTO AL ACEITE DE OLIVA. Una vez al mes extiendo bien desde la mitad del cabello hasta las puntas dos cucharadas de aceite de oliva y masajeo bien. Lo dejo actuar diez minutos y desenredo todo antes de lavarlo con un buen champú. ¡Fantástico!

Y no huele tan mal como los lodos del Doctor Yiang.

Los trucos de Álex

Manual de supervivencia para chicas de hoy en día

1 Si NO *tienes* pasta ni cepillo a mano, puedes lavarte los dientes frotando muy fuerte con el dedo. Funciona, pero no te deja tanto sabor *a menta*.

2 Si te has **OLVIDADO** el *peine*, puedes pasarte la mano para aplastar esos pelillos rebeldes (previamente lavada con jabón, claro).

3 Si tu ropa es un desastre y está toda arrugada porque la has dejado por la noche tirada a los pies de la cama y no quieres pasar HORAS planchando, puedes colgarla en una *percha* y dejarla a tu lado mientras te duchas. El *vapor* del agua caliente alisará las arrugas más **REBELDES**.

4 Si tus *zapatos* están hechos una pena y no tienes betún, ¡NO se te ocurra limpiártelos con la TOALLA del baño o tu madre te echará tal bronca que se te erizará el pelo! Usa mejor una de SUS *toallitas desmaquillantes*. Ella no se dará cuenta y tus zapatos ¡brillarán como nuevos!

El secreto del Gato

Llegamos a la sala desde la que se controlaba la seguridad. Por los monitores de televisión podían verse TODAS las salas, a todas las señoras y ¡hasta al mismo doctor Yiang en acción!

—¡MIRA! —gritó Marc—, ¿no es ésa Amanda?

ERA Amanda. Y estaba sentada frente al doctor. Ambos examinaban un objeto de pequeño tamaño como si buscaran algo.

—¡¡Y MIRA!! —gritó Álex—. ¿No es eso el gato?

—¿*Nails*? —preguntó Liseta, despistada—. ¿*Cómo* ha podido llegar hasta aquí?

—¡No! ¡El gato **ROBADO**! ¡El del museo...! —gritó Álex—. Lo tiene el doctor.

—Álex —pidió Matilde—, a ver si tú puedes hacer algo para que oigamos lo que están hablando Amanda y el doctor Yiang.

—¡Eso está hecho! —Álex apretó un par de botones de un radiotransmisor que sacó de su bolsillo y, en medio de la sala, ¡pudimos oír la VOZ de Amanda!

«Esa burra de Madame Sheda lo tenía en su tienda con su gato de vigilante... ¡Gatitos a mí! Ja, ja, ¡ha sido coser y cantar! Pero ahora tiene que ayudarme para descifrar las indicaciones y poder llegar hasta la tumba de Cleopatra y Marco Antonio y encontrar ¡el secreto de la Eterna Juventud!»

¡EL SECRETO DE LA ETERNA JUVENTUD!

—¡Claro! —dijo Marc—, se dice que Cleopatra se llevó **ESE** secreto a la tumba. ¡Lo leí en el segundo tomo de Reinas de Egipto. La fórmula para ser siempre joven.

—Por eso ROBARON el gato primero Madame SHEDA y ahora Amanda —interrumpió Álex—: Todas estas mujeres con la misma cara y el mismo pelo... ¡todas quieren lo mismo!

¡¡¡PUMM, PUMMM!!!

Alguien comenzó a aporrear la puerta. Afortunadamente, la habíamos cerrado con llave.

—¡Salgan de ahí **INMEDIATAMENTE**! La alarma se ha DISPARADO —gritó la recepcionista—. Ha detectado a una NIÑA. ¡Ayúdenme a buscarla! ¡TIENE QUE ESTAR POR AQUÍ!

—¡Seguro que es por culpa de Liseta! —exclamó Álex—, ¡se le habrá olvidado quitarse los pendientes!

—O te habrán pillado a ti —rebatió Liseta—; al fin y al cabo, tú *también* eres una niña.

Nuestra guía aporreaba la puerta sin piedad.

—¡Abran! ¡Tenemos que encontrar a esa intrusa! ¡A esa sabandija! ¡Desecho de rana muerta! ¡Virus mortal!

¡¡¡A esaaa NIÑAAAA APESTOSAAAA!!!

Teníamos que salir de allí como fuera.

¡Cuidado, Zoé!

La alarma se ha disparado y buscan a una niña en el Salón de Belleza del Doctor Yiang.

¡Y sois cuatro!

Gatos, gatos y más gatos

¡Si Kira hablara!

Los gatos se consideran animales sagrados en varias culturas. Son independientes, limpios y cariñosos, y cuando son cachorros resultan... **¡irresistibles!**

Los gatos sagrados de Birmania

Custodiaban los templos budistas. De color claro, tienen las orejas y el morro oscuros.

Los gatos abisinios

Descienden de los gatos etíopes o egipcios y tienen orejas extralargas y puntiagudas.

Los gatos de Angora

Proceden de Turquía. Tienen el pelo sedoso y sus ojos casi siempre son naranja... **¡qué miedo!**

Los gatos siameses

Proceden de Asia. Tienen mala fama pero, en realidad, son muy cariñosos.

Los gatos callejeros

Tienen siete vidas. Saben robar de la basura y escapar de los perros del vecindario. **¡Mis favoritos!**

El jeroglífico

Estábamos atrapados en el Salón del Doctor Yiang, con aquella odiosa mujer golpeando la puerta como una loca. Teníamos que salir... pero no tan rápido. Amanda seguía hablando con el doctor.

—Álex —pidió Paul—, sube el volumen de la conversación.

—¡A la orden! —dijo Álex.

Manipuló los botones de su aparato y escuchamos la voz de Amanda tan clara como si estuviera con nosotros en la habitación:

«¡Ni lo sueñe!, no pienso dárselo. ¡Nada de compartirlo con todas esas cacatúas! Sssssssschhhfffffrcciiirrrcchhhh-chhhhrhhhrrriiiang».

—¿Qué está pasando? —preguntó Marc—. Se oye como si una banda de grillos hubiera interceptado la conversación.

—Hay algo que no me deja captar la frecuencia —se quejó Álex—. Liseta, dame una de tus horquillas, por favor.

—Ahora quieres **MIS** horquillas, ¿eh? —Liseta se sacó una horquilla del pelo y Álex manipuló su pequeño aparato—. **¡Funciona!**

«Rrriannngggshccch.
¡No entiendo lo que escribieron estos condenados egipcios de hace dos mil años! ¿Qué es un JEROGLÍFICO?»

Amanda le arrancó el gato de las manos al doctor Yiang con muy malas maneras y lo guardó en su bolso.

—¡Es igual que el mío! —gritó Liseta entusiasmada.

—¿El qué? —preguntó Marc—. ¿El gato?

—¡No, el BOLSO! —exclamó Liseta enseñándonos el suyo orgullosa—. ¿Veis? Es el mismo, ¡igualito! Una edición limitada, el mío con una **L** y el suyo con una **A**. Un auténtico Louis Pittón.

Mientras tanto, Amanda cargaba contra el pobre doctor Yiang:

**«Es usted un PEDAZO de chorlito...
Ni siquiera sirve para traducir una bobada
escrita por momias de más de dos mil años
¡tan viejas como sus pacientes!».**

En ese momento, otro ruido mayor se oyó en la habitación.

¡¡CRRRRAAAAUUUN!!

—¡La puerta! —gritó Paul—. ¡Está cediendo!

—¡Rápido —exclamó Matilde—, tenemos que encontrar una salida!

Álex comenzó a sacar artilugios variados.

—¡Ninguno sirve para escapar! Estamos atrapados...

—No nos demos por vencidos —dijo Marc—. ¡*Kira*, busca!

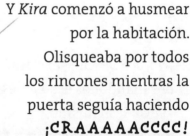

Y *Kira* comenzó a husmear por la habitación. Olisqueaba por todos los rincones mientras la puerta seguía haciendo **¡CRAAAAACCCC!** y comenzaba a ceder por las bisagras.

¡GUAU!
¡GUUUAAAUU!

¡*Kira* había encontrado algo! Una trampilla del aire acondicionado en el techo.

—¡Por aquí! ¡Vámonos! —gritó Marc.

Y eso hicimos. Paul sujetó a Matilde y Matilde a mí y yo a Álex y Álex a Liseta y Liseta a *Kira*.

—¡Ay! —se quejó Liseta—, que me despeinas...

Mientras salíamos, todavía oímos la voz de Amanda gritar al menguado doctor Yiang:

«¡Paso de usted y sus barros APESTOSOS!
¡Me voy pitando al DESFILE de Jean Paul,
doctor PRINGADO!».

Y entonces la puerta hizo otro **CRAAAACCCC** y se rompió. **¡Justo a tiempo!**

El diario de Liseta

¡Atención, *fashionistas*! Ediciones limitadas, ¿qué son?

Amanda y yo tenemos un bolso Louis Pittón de edición limitada. Una edición limitada es una serie de objetos que se fabrica sólo en un número determinado y para una temporada. **¡Hacerse con uno es todo un logro!** Y son los objetos más deseados por las *fashionistas* de todo el mundo.

Las notas de Marc

Y en Egipto...

Todos quieren encontrar la tumba de Cleopatra y Marco Antonio, pero, quién sabe; quizá la encuentren...

Mientras tanto, estudiaré **EL SISTEMA DE ESCRITURA DE LOS EGIPCIOS.** Los antiguos egipcios tenían TRES sistemas de escritura: jeroglífica, hierática y demótica.

La **ESCRITURA JEROGLÍFICA**, la más antigua, se comenzó a utilizar hacia el año 3330 a. C. Se componía de signos inspirados en elementos de la naturaleza y la vida, como animales, plantas o partes del cuerpo. Con el paso del tiempo se reservó para los monumentos y elementos sagrados.

La escritura **HIERÁTICA** fue una evolución de la anterior, más simple, y usada en documentos administrativos, básicamente sobre papiros.

La **DEMÓTICA** fue la última que se utilizó, aún más depurada y esquemática que la hierática. Demótica significaba *popular*. Se utilizaba para la transmisión literaria y las tareas económico-administrativas.

Estos símbolos pudieron ser descifrados gracias a la *Piedra de Rosetta* encontrada en 1799, en la que está grabado el mismo texto en estos tres tipos de escritura: jeroglífica, hierática y demótica.

ALFABETO EGIPCIO

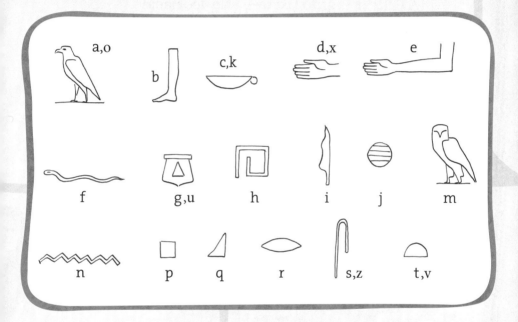

Por lo tanto, ZOÉ, por ejemplo, se escribiría así:

¡Prueba a escribir tu nombre en una hoja de papel!

Un paseo por las catacumbas

—¡¡¡Ahhh!!! —gritó Liseta—. ¡No veo nada!

—Claro —replicó Álex—, estamos en un conducto del aire acondicionado ¡y se supone que no están hechos para que se paseen por ellos seis personas y un perro!

—Y si estamos *dentro* del aire acondicionado, ¿por qué hace tanto frío? ¿No podemos regular la temperatura?

La pregunta de Liseta se quedó sin respuesta.

La salida del Salón de Belleza del Doctor Yiang había sido mucho menos *airosa* que nuestra entrada: en fila india, a cuatro patas y con *Kira* olisqueándome el trasero... ¡Bueno!, dicen que es la manera que tienen los perros de *saludar*... Además, habíamos despertado las sospechas de Madame SHEDA y Amanda estaba **FURIOSA**.

Pero no todo era negativo, al contrario. Teníamos DOS ladronas en vez de una. Y ya sabíamos dónde estaba el gato robado: en el bolso de Amanda.

¡Hasta teníamos el móvil del robo!: la clave para encontrar la tumba de Cleopatra y Marco Antonio. Allí se ocultaba *El secreto de la Eterna Juventud* y, por lo visto, Amanda lo quería *sólo* para ella.

—¡Quién sabe! —suspiró Marc—, igual no podemos salir de aquí y nos encuentran dentro de muuuuchos años en perfecto estado de conservación gracias a las bajas temperaturas. Eso sí que es **ETERNA JUVENTUD**...

¡GLUPPSSSS! A ninguno le apetecía convertirse en una *momia* moderna por refrigeración.

—Seguro que esto lleva a algún lado —nos tranquilizó Paul—. Ya veréis, ¡me apuesto mi guitarra a que en diez minutos cambiaremos el aire acondicionado por la brisa de París!

—¡¡UOOOOOOHH!!

De repente, Marc desapareció de nuestra vista.

—¿Dónde está Marc? —preguntó Álex.

—No sé —exclamó Matilde—, iba justo delante de mí y...

—¡¡¡¡AAAAHH!!!! —oímos a Liseta.

¡Liseta también había desaparecido!

—¡Cuidado! —nos previno Paul—, que nadie se mueva hasta que sepamos qué ha pasado.

—¡Estamos aquííí abaaaajooo!

Las voces de Marc y Liseta nos llegaron como de la _ultratumba_... Nos acercamos al hueco por el que habían caído y los oímos más claramente.

—¡Socorroooo! —gritaba Liseta—. Aquí hay un montón de... de... de... ¡esqueletos! ¡Aaaayyy!

—Tranquila, Liseta, que tengo mi guía. Está todo bajo control —oímos a Marc—. Está claro que nos encontramos en las catacumbas, ¡no hay nada de que preocuparse!

¡Estaban perfectamente! Matilde se volvió hacia Paul, aliviada. Y entonces hubo como un instante mágico... sin violines y esas cosas, pero... Paul miró a Matilde... y Matilde miró a Paul... y... Álex, _Kira_ y yo fuimos _discretas_ y miramos para otro lado.

¡UUYYY!

Matilde se volvió hacia nosotros, rápidamente. ¡Menos mal que allí no había *paparazzis*!

Allí abajo, Marc seguía tratando de tranquilizar a Liseta enseñándole su guía.

—Mira, aquí lo dice: hay trescientos kilómetros, más o menos, de estos túneles debajo de París.

—¿Trescientos kilómetros? **¡SOCOOORROO!** —gritó Liseta aún más fuerte.

Teníamos que bajar con ellos. ¡Era nuestra única salvación!

—¡Yo primero! —dijo Álex, lanzándose al vacío como por un tobogán.

Después bajó Paul. Recibió a Matilde en sus brazos. Yo me tiré en seguida. Y *Kira*... bueno, parecía que lo de los esqueletos, a pesar de su *afición* por los huesos, no le terminaba de tentar.

—¡*Kira*! —grité—. ¡Aquí! ¡*Chuleta* de ternera!

Y *Kira* saltó.

—Lo siento, pero tenía que engañarte —le dije en cuanto cayó encima de mí, aplastándome. Supongo que ésas son las consecuencias de no decir la verdad.

Las notas de Marc

En París no te puedes perder

Las catacumbas

Son un auténtico laberinto en el subsuelo de París, tapizado con los restos de los cementerios. Sólo puede visitarse un kilómetro. Policías especiales patrullan por estos túneles para evitar visitantes no deseados. Se los llama los *cataflics*.

Aparecen en innumerables obras literarias, como *Los Miserables* de Víctor Hugo, una de las favoritas de Marc.

¡Si te dan miedo las calaveras, ni se te ocurra bajar! Aunque es una de las atracciones más visitadas de la ciudad.

El Obelisco

Está en la Plaza de la Concordia. Es un auténtico obelisco egipcio procedente del templo de Luxor. Llegó a París en el siglo XIX. Mide más de 22 metros y se erigió en honor del faraón Ramsés II. Es todo un vestigio del antiguo Egipto en París.

El Obelisco

Un desfile muy Chic

Como había dicho Marc, las catacumbas de París las componen más de trescientos kilómetros de túneles. Suficiente como para pasarse *toda* una vida tratando de encontrar la salida. Nosotros tardamos **DOS HORAS**. Tiempo de sobra para que Amanda nos tomara la delantera...

—¡No lo conseguiremos nunca! —se lamentó Liseta—. ¡Estoy cubierta de telarañas y otras sustancias sospechosas que no quiero ni imaginarme qué son!

—Polvo de huesos en descomposición, ácaros* y restos de otros bichos —resumió Marc consultando su guía.

—¡Aaayyy! Esto es *peor* que el gallinero —sollozó Liseta—, ¡no volváis a proponerme un viaje *nunca* más!

—¿Ni siquiera en *jet* o en limusina? —preguntó Álex.

—Buenoooo...

Liseta siguió andando y dejó de quejarse inmediatamente. Álex aprovechó para sacar *otro* de sus aparatejos.

—Aquí dice que estamos muy cerca de la superficie, ¡mirad!

—¡Otra trampilla! —advirtió Marc.

—¿Y si la empujamos? —propuso Liseta.

Dicho y hecho.

En lo alto, un trocito del cielo.

—¡Seguidme! —gritó Paul saliendo por la trampilla.

¡Estábamos en medio del patio de entrada de una *mansión*! ¿Y qué eran todas aquellas luces intermitentes? ¡Flashes de los fotógrafos!

Liseta lo identificó en el acto: estábamos en la entrada del desfile del gran diseñador Jean Paul. Con las CELEBRITIES", los famosos que salen en las revistas y... nosotros. También Amanda *tenía* que estar por allí...

Pero ¿cómo íbamos a entrar?

147

TRÈS COOL!

—Esperad un momento —dijo Liseta. ¡Su bolso! ¡Claro!—. ¡Tomad! —dijo. Sacó pelucas, gafas oscuras y móviles falsos para cada uno—. *Kira*, también hay para ti. ¡Ningún *fashionista* se dará cuenta de que no somos lo más! Y ahora, ¡dejadme! ¡Quiero posar en el PHOTOCALL!*

Ya estaba Liseta con sus palabras tan raras.

Unos hombres vestidos de negro la apartaron y nos dejaron pasar mientras que en la primera fila...

—Se dice FRONT ROW* —cuchicheó Liseta y, ¡oh!, casi se desmaya de nuevo de la emoción. ¡Allí estaban todas las estrellas de cine y de la música!—. ¡Ésa es...!, ¡oh!, ¡y ésa... y ése! ¡Ooooh!... ¡Aaaahh! ¡Uuuuh!

Los ojos de Liseta hacían chiribitas y de repente se volvieron blancos como si su cabeza se hubiera tragado las pupilas. Esta vez fue Álex quien pisó a Liseta con tanta fuerza que se recuperó de golpe y gritó sorprendida.

—¡Eh! ¿Esa que está sentada en primera fila no es AMANDA? —le preguntó Álex, sacando uno de sus artilugios de visión nocturna.

—¡Sí que lo es! —exclamó Liseta a punto del desmayo de nuevo—. **¡Esto es súper FASHION!** —gritó.

—¡*Schhhh!* —susurró una voz a nuestro lado—. Silencio, el desfile VA a comenzar.

De repente se apagaron las luces y una música atronadora resonó en el salón. El diseñador Jean Paul no había querido desvelar ni el más pequeño detalle. ¡Iba a ser la GRAN sorpresa! De todas las bocas, incluida la de Liseta, salió un rendido: «¡Ooooooh!». La nueva colección estaba inspirada en ¡el amor de Marco Antonio y Cleopatra!

El diario de Liseta

¡Especial fashionistas!

Minidiccionario de la Moda de Zoë y Liseta

*CHIC

Liseta: Término francés que quiere decir elegante y a la moda.

Zoé: Amanda cree que es *chic*, pero Matilde lo es de verdad.

*CELEBRITY

Liseta: ¡Las actrices y las modelos! Y yo cuando sea mayor...

Zoé: Así se llama a los superfamosos en inglés, y ahora, en todas las revistas.

*PHOTOCALL

Liseta: En las fiestas, el lugar donde posas para que te hagan fotos.

Zoé: Un cartón delante de cientos de fotógrafos.

*FRONT ROW

Liseta: El lugar en el que HAY que estar. Mi sitio.

Zoé: La primera fila de asientos de un desfile.

*TOP MODEL

Liseta: ¡Yo! ¡Lo más!

Zoé: Las modelos que se convierten en *celebrities*. (¿Empiezo a hablar como Liseta?)

*Ácaros. Animales microscópicos que viven por todas partes y a los que muchas personas (incluido Marc) son alérgicas.

La libreta de Zoé

Zoé Test

(Con la inestimable colaboración de Liseta.)

Si quieres ser una auténtica CELEBRITY, tienes que...

1. a) Llevar gafas de sol oscuras y MUY grandes.
b) Llevar gafas de ver, porque de lo contrario, no ves tres en un burro.
c) Llevar gafas de esquí por las calles.

2. a) Escapar de los fotógrafos a todas horas.
b) Sonreír cuando te hacen fotos y decir: «PATAAAATAAA».
c) Sacar tu cámara de la comunión y hacer fotos a todo el mundo.

3. a) Saludar a todos aunque no los conozcas.
b) Saludar a Pepe cuando vas al kiosco, ¡es tan majo!
c) No saludar a nadie, ¡es tan vulgar!

4. a) Tener novio.
b) No tener novio.
c) Tener novio y decir que NO tienes novio.

RESPUESTAS

1. a) Gafas de sol siempre. Por la noche también.
2. a) Imprescindible que te fotografíen, pero siempre en fuga.
3. a) ¡Saluda! Todos son TUS amigos.
4. c) Negarlo todo. Siempre. Hasta el día de la boda (secreta).

El cambiazo

¡El desfile fue fantástico! Liseta, Kira, Marc y yo estábamos entusiasmados, arrebatados, ¡impresionados! A Álex, sin embargo, no le interesaba demasiado y aprovechó que la sala estaba a oscuras para sacar su dispositivo captador de conversaciones. En resumen: se dedicó a ESPIAR lo que hablaban dos señoras que parecían *clones* de Amanda. (El *Manual del Agente Secreto para Principiantes* autoriza el espionaje en caso de necesidad.)

—¡Pues yo ya lo tengo **TODO** falso! Vamos, que en cuanto me terminen los dientes de porcelana sólo me quedará de natural un yogur que tengo en la nevera.

—¡Se nota! —dijo la otra—. Estás maravillosa, qué pelazo...

—De la India; los recogen en los templos donde se lo cortan para hacer sacrificios.

—¿Y ese cutis? —siguió preguntando el clon número dos.

—Los lodos del doctor Yiang. Tienen ese problemilla del... olor, pero con LITROS de perfume, solucionado.

—¿Y sabes ya si Madame SHEDA...? —preguntó la segunda en plan miserioso—. ¿Cuándo tendremos el remedio DEFINITIVO?

—Parece que **ALGUIEN** ha DESBARATADO su plan porque no quiere compartirlo.

—¡No! —exclamó horrorizada el clon dos—. ¡Una maldita EGOÍSTA!

—¡Sí! Madame SHEDA la está buscando... Dice que se llama GLADYS... Es una traidora a HADES... ¡Tenemos que descubrir quién es!

Álex se dio cuenta de que acababa de escuchar una conversación **TOP SECRET** y nos lo contó *todo*.

Matilde y Paul no habían necesitado disfrazarse para entrar porque ELLA es una verdadera estrella. Todos los fotógrafos se abalanzaron para hacerles fotos.

¡FLASH, FLASH!

—¡Matilde! ¡Aquí, Matilde! —Los *paparazzi* la llamaban por su nombre para que posara, mirando hacia ellos—. ¿Quién es este chico, es tu novio? ¿Habrá pronto una gira de **FRENCH CONNECTION**?

Matilde y Paul atravesaron la nube de fotógrafos dándose la mano y se dirigieron a saludar a Jean Paul, el **GRAN GRAN** diseñador.

—¡Matilde, estás *beautiful*! *Thank you* por venir... ¡Os adoro!

Amanda estaba SENTADA con Pat. Él le sujetaba *su* refresco y la abanicaba para que el maquillaje no se *derritiera* por el calor de los focos. Amanda contemplaba a Matilde con los ojos entrecerrados y una expresión RARA, y es que a ella ¡NADIE le había hecho fotos! Y eso la ponía de muuuuyy malas pulgas.

—¡PAT-OSO! —exclamó—. Dame más aire, que me estoy fundiendo como un helado de chocolate —exigió rabiosa con un codazo en las costillas de Pat.

Los ojos de Liseta descubrieron ALGO importante.

—¡El bolso de Amanda está en el suelo!, el que es igual que el mío...

Era cierto: eran IDÉNTICOS. Salvo una pequeña diferencia. El de Liseta tenía una **L** y el de Amanda, una **A**.

—¿Qué hacemos, Zoé? —preguntó Liseta.

—Ahora o nunca —dije—, ¡es nuestra oportunidad!

Nos levantamos y fuimos hacia Amanda. Fue complicado porque la gente se saludaba y daba besos... y *no* nos dejaba pasar.

El bolso
de Amanda

El bolso
de Liseta

Cuando llegamos, Liseta se sentó justo a su LADO y dejó el bolso pegado al de Amanda.

—Ya os lo había dicho YO —cuchicheó Liseta—, ¡mi Louis Pittón! Ella también tiene una edición limitada, pero con una A. ¡Uy, hola Amanda! No te habíamos visto. Qué casualidad... —dijo alisándose el pelo con la mano.

—Creía que os había dejado en casa —gruñó Amanda sin molestarse en disimular—. ¿Qué pintáis aquí vestidos de *mamarrachos*?

—Hemos venido a acompañar a Matilde —expliqué algo inquieta... porque Álex me hacía señas de que había **¡PELIGROOOO!**

¿Qué pintaba allí Madame SHEDA? Y corriendo con los ojos fuera de las órbitas hacia nosotros... ¡No, hacia Amanda!

—¿Así que usted es su tía Gladys? —preguntó a Amanda nada más llegar—. Aunque por lo que veo tiene unas pestañas de lo más lustrosas...

—¿YOOO? —respondió Amanda ofendida—. Mis pestañas son perfectamente *falsas*, gracias. ¡Y *tía* de nadie! ¡*Qué* risa! Yo NO tengo hermanas, ni amigas, querida; lo tengo prohibido por *mi* médico. Disculpe pero ME TENGO QUE MARCHAR urgentemente —se despidió con mucha prisa—. ¡BYE, BYE! ¡Y llévame el bolso, **PAT-ITIESO**, que para ALGO te pago tus **PAT-OCHADAS**! —gritó al pobre Pat, que se levantó asustado y tan confuso que tomó el Louis Pittón que le quedaba más cerca.

El *bolso* **EQUIVOCADO**.

Pero todavía teníamos pegada a... Madame SHEDA.

—¿Entonces? ¿Era o no era vuestra tía Gladys? —nos preguntó, acercándose mucho—. Aquí hay algo que me *huele* muy mal...

—¡Uy! Esta vez yo no he sido... —empezó a decir Álex—. ¡Ay!

Demasiado bien conocía ya los pisotones de Liseta.

—Vosotros sabéis QUIÉN tiene el gato, ¿verdad? —insistió Madame SHEDA muy alterada.

Liseta apretó el bolso contra su pecho.

—Lo siento, pero no tengo ni la menor idea de DÓNDE está.

¡GLUPSSS!

Ahora sólo faltaba escaparnos de Madame Sheda, pero... ¿cómo?

¡Matilde! Ella podría sacarnos de allí.

El cambiazo

Descubre las
siete diferencias

Solución

7. El lóbulo de las orejas.
6. Una pestaña en el ojo derecho.
5. El dobladillo de las mangas.
4. La sombra del cabello a la izquierda.
3. Los pliegues del lazo.
2. Un punto rosa en el brazo izquierdo.
1. El volumen del corazón.

El Show de Amanda

—¿LO tienes? —le pregunté a Liseta.

—LO tengo —afirmó apretando el bolso contra su pecho.

El GATO.

Lo teníamos. Dentro del bolso de Amanda, cambiado por error. ¡Y por culpa de la impertinencia de la propia Amanda!

Cada vez había más gente en aquel salón. Y en el centro, Paul y Matilde, la cantante de **FRENCH CONNECTION**, sonreían a la prensa. De repente, me sentí muy orgullosa de ser su hermana.

Pero ¡atención, peligro! Amanda y Madame SHEDA nos vigilaban cada una desde una esquina. Entonces Amanda empujó a su asistente.

—¿Dónde has puesto mi móvil, animal de bellota? —le preguntó.

Pat revolvió en el bolso y no encontró NADA. Amanda le arrancó el bolso y empezó a sacar las cosas de Liseta: cepillo y pasta de dientes, una botella de agua para *Kira* (la había puesto yo), varias magdalenas de chocolate (eran de Álex) y ¡su **COLLAR**! Sorprendida, miró hacia nosotros y vio un bolso IDÉNTICO en el hombro de Liseta. Amanda se dio cuenta de que Liseta tenía *su* bolso, y ella, el de LISETA.

—¡Detengan a esas criaturas cargantes con el chucho disfrazado de perro *cool*! —gritó.

Afortunadamente, la gente reía y hablaba por el móvil sin hacerle NI CASO. Y Madame SHEDA aprovechó para escabullirse hacia la salida con una expresión extraña...

¡Algo TRAMABA!

Mientras, Amanda consiguió llegar hasta Marc.

—¡Tú!, el rarito de los libros —dijo, tirando de su mochila.

—Eeh... N-nos íbamos ya... —balbuceó Marc.

—No tan de prisa, queridos *monstruitos*. —Amanda tenía su collar en una mano y con la otra atrapó el cuello de Liseta—. **¡Dame el bolso,** *bichobola* **con rizos!** —exigió—. Y además, me quitaste **MI** collar. Te llevaste el que NO era, *niña* metomentodo —le reprochó forcejeando con ella—. ¡No me había dado cuenta, que si no...!

Liseta trató de salvar el bolso. Pero se enganchó con el collar y éste se rompió. Todas las cuentas CAYERON al suelo. ¡La gente empezó a resbalarse con ellas como en una pista de patinaje!

—¡Uuuuuy!

—¡Aaaaayy!

—¡Qué tortazooooo!

Aprovechamos la confusión para desaparecer otra vez.

—¡Me han robado MI bolsooo! —gritó Amanda—.

¡A por ellos!

Entonces corrimos hasta Matilde, que seguía hablando con **JP**, es decir, Jean Paul.

—Matilde, *dear*, tienes que venir a mi *taller*. ¡El vestuario de tu nueva gira te lo tengo que hacer yooo, *please*!

¡Amanda y su asistente estaban a dos pasos!

Los detuvieron los *flashes* de los fotógrafos, que creían que aquello era una **REPRESENTACIÓN TEATRAL**.

—Pero ¿qué es este *show* tan *original*? —preguntó **JP** aplaudiendo—. ¿No es *genial*?

—¡Genial, Jean Paul, pero si quieres que vaya a tu *taller*, tiene que ser YA! —sugirió Matilde, nerviosa.

Paul se acercó para hablarle al oído. Había decidido salir en busca de MADAME SHEDA.

—¡Tened cuidado, os está buscando y es PELIGROSA! —le previno—. Yo la encontraré.

—¿Nos vamos? —dijo **JP**—. Subid a mi *limo*. *Garçon!* —llamó.

¡Por un pelo! ¡Por un pelo de *Kira* conseguimos subir a la limusina de Jean Paul y largarnos a toda mecha!

—**¡Sabandijas! ¡OS ATRAPARÉEEEEE!** —gritó Amanda mientras el coche arrancaba. Estaba tan furiosa que le quitó el teléfono a un despistado que hablaba por el móvil y lo tiró contra la cabeza de su asistente.

Pobre y sufrido Pat.

El diario de Liseta

¡Atención, *fashionistas*!
Taller

El taller es el lugar en el que los diseñadores hacen sus creaciones. También otros artistas, como los pintores o escultores, utilizan este término para el espacio en el que crean su trabajo.

En el taller de JP

El taller de Jean Paul era increíble, ¡tuvimos que sujetar a Liseta para que no hiciera *ninguna* locura!

JP —insistió en que lo llamáramos así— nos invitó a refrescos de soja orgánica y brotes de bambú sin refinar. Álex puso cara de preferir unas vulgares galletas de chocolate, pero aun así, lo devoró TODO con grandes demostraciones de entusiasmo (y migas por todas partes... **¡SCRUNCHH, SCRUNCHH!**). El menú me recordó a mamá y su afición por la vida sana y la alimentación saludable, y sentí nostal-

Vestido / camiseta azul

cinturón doble

Pantalones elásticos muy ajustados

Sandalias de tacón de 12 cm.

boina

camiseta blanca con mangas en pedrería rosa (a juego con la boina)

brazaletes de cristal rosa

cinturón rosa

Pantalones "pirata" elásticos

manoletinas rosas

gia... ¡Todo era tan *distinto* al gallinero! Tuve ganas de volver allí.

Pero **JP** en seguida nos hizo olvidar
que estábamos *muy* lejos de nuestro
pequeño mundo.

—Matilde, *my dear*. Te veo *marvellous*
con este conjunto para la *first song*,
la primera canción. Y después...
—Entonces desplegó como un mago
sus dibujos. ¡Eran maravillosos!

Dejamos a Matilde con **JP** y
aprovechamos para echar un vistazo.
¡Aquello era MEGA guay!

—¡Mira, Zoé! ¿Cuál te gusta más?

Marc había descubierto en una caja cientos de camisetas.

—Ésta —dije, y elegí una para mamá— y esta otra. —Y elegí otra para mi hermanito Nic.

¿Me habrían sentado mal los brotes de bambú? Empezaba a echar de menos a *Pía*, a *Mía*, a *Lista* y hasta a Nic...

—¿Por qué no diseñáis vuestras propias camisetas? —propuso **JP**.

¡Qué divertido! Pintamos unas... 300 camisetas. (Igual exagero un poco, ¿no?) Pero fue *superchulo*.

Por cierto, ¿dónde estaba Liseta?

Kira nos avisó con sus ladridos

¡GUUAUUU, GUUUAUUU!

¡No!, otra vez...

A Liseta los ojos le hacían chiribitas y daba vueltas por la habitación, como en el vestidor de Amanda. No, no era por culpa de la merienda de brotes de bambú. A Liseta le había dado algo parecido a un ATRACÓN... de vestidos.

En el taller de JP

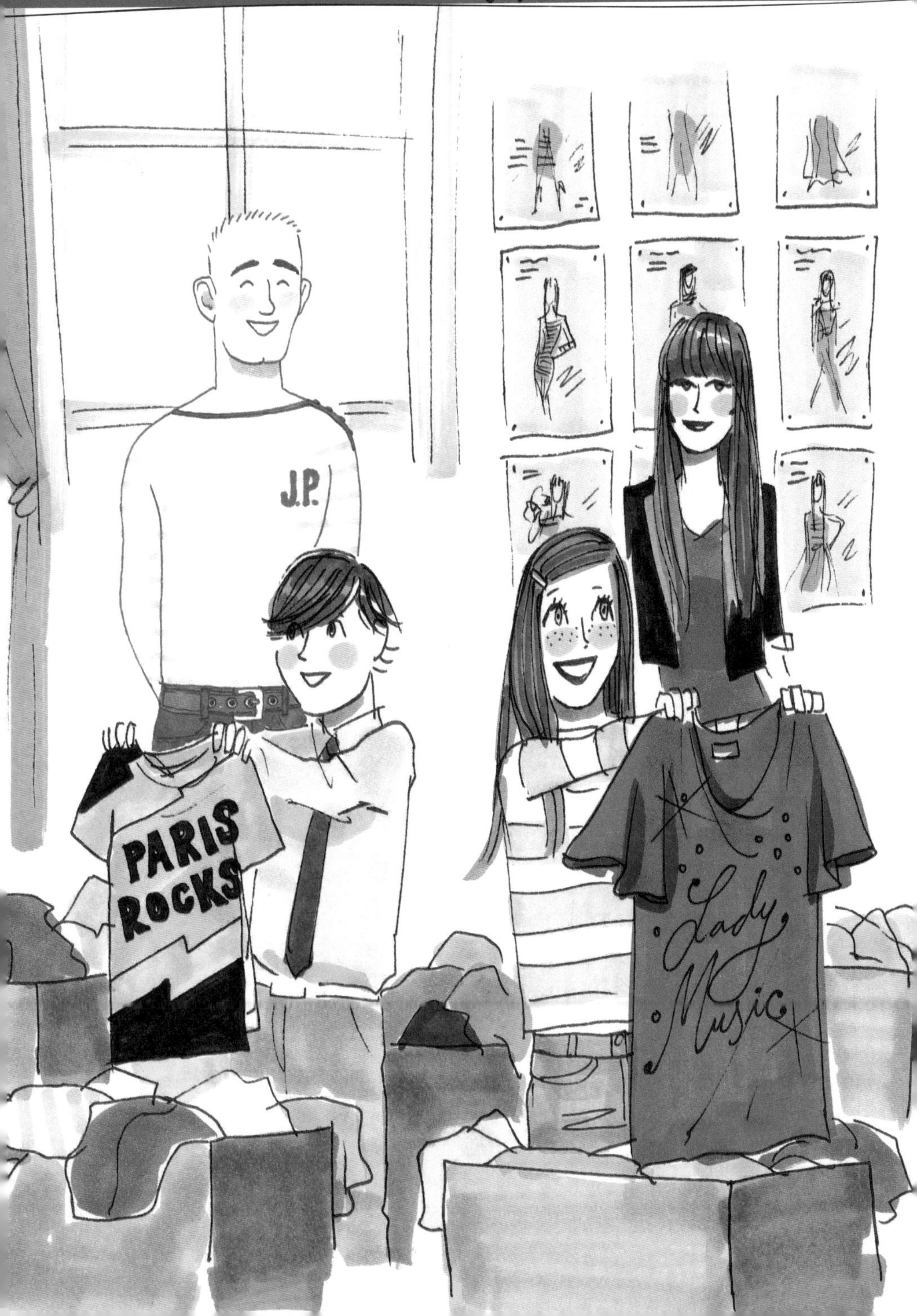

Zoé toma una decisión

Ya teníamos el vestuario de Matilde y *toneladas* de camisetas, pero...

—¡Chicos, esto está muy bien, pero no olvidemos nuestra MISIÓN principal! EL GATO.

Liseta abrió el bolso de Amanda y extrajo un móvil con veintiocho llamadas perdidas, una botella de perfume de dos litros y medio, y *siete* barras de labios antes de enseñarnos, triunfante,

¡EL GATO EGIPCIO!

—¿Por qué Liseta tiene que sacar siempre *tantas* cosas de los bolsos? —se quejó Álex.

Liseta la miró pero evitó contestar.

—Bueno, Zoé —preguntó Liseta—; entonces, ¿cuál es el plan?

Buena pregunta. Había que pensar... y rápido. Hice una lista para que no se me olvidara nada.

LISTA de Zoé

1. Devolver el gato robado al museo y alejar las sospechas de papá.

2. Descubrir QUIÉNES robaron el gato.
   (Y darles su merecido, añadió Álex.)

3. Comenzar la gira de FRENCH CONNECTION.
   (Sugerencia de Matilde. Aprobada.)

4. Encontrar la tumba de Cleopatra y Marco Antonio. (Petición desesperada de Marc, ¡quería escribir el quinto tomo de Reinas de Egipto! Tendrá que esperar.)

5. Descifrar el secreto de la eterna juventud.
   (Liseta insistía demasiado en este punto. No prioritario.)

6. Ir al supermercado a por comida perruna calidad extra y chuletas de ternera de oferta.
   (Ésta era Kira, claro. Ya veremos...)

—Lo primero, devolver el gato al museo —dije—. Y después, todo lo demás.

Un estruendo de voces nos llegó desde el pasillo. Y una gran barriga surcada por una banda de seda entró antes que su dueño en el taller de **JP**.

—¡Parrra eso estoy yo aquí!

—**¡¿Moska?!**—dije sorprendida.

—A sus órrrrdenes, a sus pies y a donde haga falta, *mademoiselle* Zoé —me saludó besándome muy efusivo el embajador—. ¡Vengan conmigo! Tengo el coche dispuesto parrra llevarrlos a donde quierran.

Y nos abrió la puerta de otra limusina.

Pero ¿es que allí *nadie* tenía un coche normal?

Polizones a bordo

Esta vez no hubo que apretujarse. Cabíamos todos en los *confortables* asientos de la limusina del embajador de Rusku. **¡Era enorme!** CUATRO filas de asientos y hasta un televisor.

—**¡Uau!** —dijo Liseta—, ¡me encanta viajar así!

—Pues no te acostumbres —le dijo Álex—, que pronto estaremos de vuelta en casa.

—No tan rápido, pequeñasss besstezuelasss —siseó una voz desde la fila de atrás. ¡MADAME SHEDA!—. **¡Sssopressa, ssorpressa!** —dijo, asomando su peinado *de tamaño extra.*

El embajador se volvió, ofendido.

—Perrro ¿qué hace esta señorrra con tanto pelo en mi coche?

Madame Sheda agarró a Matilde por el cuello con la cara enrojecida.

—Quiero el gato —dijo— y lo quiero YA. ¡Decidme quién **ME lo robó! ¿Ha sssido vuessstra tía Gladysss?**

Matilde nos hizo gestos de que se lo entregáramos. Ahora era ella quien se estaba poniendo ROJA...

¡¡COF, COF!!

Pero ¿qué estaba pasando allí? Marc TAMBIÉN estaba rojo como un tomate. ¡Y no paraba de toser!

—Es mi alergia... **¡AMANDITIS AGUDA!** ¡Amanda tiene que estar por aquí!

—Este crío es un *asqueroso chivato*... —exclamó Amanda con desprecio asomando desde OTRA fila de la limusina.

—¡Lo tiene USSSTED! —gritó Madame Sheda tratando de llegar hasta Amanda—. **¡Usssted esss essa Gladysss!**

Los ojos del embajador se salían de sus órbitas como dos canicas gigantes.

—Perrro Amanda, ¿se llama usted Gladys? ¡Qué tonterría! ¿Y qué hace usted también aquí? —exclamó atónito.

—Amigo Moska, lo echaba taaaanto de menos... —explicó Amanda estirándose en su asiento.

El embajador cambió de actitud en un santiamén. Carraspeó y se arregló la corbata.

—Querrida señorrra... a sus pies. Digo, a sus zapatos de tacón.

Matilde gritó con fuerza.

—¡AYYY!

¡Madame Sheda volvía a apretarle el cuello con las dos manos y se estaba ahogando!

—¡El **GATO**! —exclamó Madame Sheda—. ¡Rápido! ¡Quienquiera que lo tenga que me dé el gato o le retuerzo el pescuezo a esssta niñataaaa!

—¡Qué lastima! *Bye, bye,* **FRENCH CONNECTION**! —dijo Amanda volviéndose hacia al embajador—. Moska, *darling*, páseme mi BOLSO, ese que está AHÍ...

—¡Liseta, no lo sueltes! —grité—. ¡Marc, a por Madame Sheda!

Madame Sheda soltó a Matilde y trató de atrapar el bolso, pero Amanda se lanzó sobre ella.

—Perrro, señorras, ¿qué comporrtamiento es éste? —les reprochó el embajador algo *mosca*.

¡Amanda y Madame SHEDA se tiraban de los pelos en medio de la limusina! ¡Parecían dos gatos arañándose en un callejón!

Entonces el coche dio un frenazo y las dos cayeron, gritando, hacia la parte de atrás. El conductor se volvió hacia nosotros y...

¡¡¡ERA PAUL!!!

*Polizón. Pasajero que se embarca clandestinamente, se cuela sin pagar el billete y viaja escondido.

En la limusina del embajador Moska se han colado dos.

Un gato de ida y vuelta

¡Qué sorpresa!

Pero ¿qué hacía Paul en el coche, disfrazado de conductor?

—Muy sencillo. Seguí a Madame Sheda al salir del desfile... ¡ella es la responsable de HADES! No hay más que ver cómo odia a las niñas... ¿*verdad*, Madame SHEDA? ¡Usted robó el gato en el museo!

—Sí, yo robé el gato, pero ¡después ALGUIEN ME LO ROBÓ A MÍ!

Madame Sheda gritaba inmovilizada bajo las amplias posaderas del embajador Moska.

—Entonces, ¿quién le robó el gato a Madame SHEDA? —pregunté yo, dirigiéndome a Amanda.

Amanda se recolocó el peinado.

—Pudo ser *cualquiera*, ¿verdad, *darling*? —respondió dirigiéndose al embajador—. ¡Cualquiera de esas locas mujeres del Salón de Belleza del Doctor Yiang! Incluso quizá fuera el mismo doctor Yiang —aseguró.

—¿Y por qué estaba, precisamente, en TU bolso? —le preguntó Álex.

Amanda no se inmutó.

—Me lo encontré allí, *precisamente*, en el Salón de Belleza del Doctor Yiang, y lo guardé en mi bolso para... *devolverlo* —contestó, mirando a Matilde— y alejar las sospechas del querido papá de mi pobre *cheri*...

¡¡GRRRRRRR!!

El embajador la contemplaba embobado.

—Qué noble corrasón el suyo, mi querrrrida señorrra —exclamó—, ¡tan herrmoso como usted!

Álex, Liseta, Marc y yo nos miramos. ¿Conque para **DEVOLVERLO**? ¡Ya!

Los trucos de Álex

Me gusta observar cuidadosamente el lenguaje corporal de Amanda y Madame Sheda, tal como he aprendido en el *Manual del Agente Secreto para Principiantes* de Marc:

Tocarse la nariz indica que la persona que habla puede estar nerviosa y faltar a la verdad.

Taparse la boca es cuando tiene algo que ocultar.

Mirar hacia abajo significa que no cree en lo que está oyendo.

Back in the gallinero

Pues sí. El embajador Moska confirmó a la policía que papá era *totalmente* inocente. Papá se encargó de devolver el gato al museo y salió en TODOS los periódicos como un *auténtico* héroe. Amanda, claro, se le pegó en todas las fotos, y salió también. ¡Por fin *todos* los flashes fueron para ella!

¡Qué rabia!

La r
ción
de ca
tos a
depar
hurto
del cu
licía
tal fra
hecho
recupe
este va
tiquísir
valorad
de 10
primera

RECUPERADO EL GATO DEL MUSEO

EXCLUSIVA. El caso del gato egipcio desaparecido del Museo del Louvre ha sido resuelto gracias a la inteligente operación coordinada por el embajador de Rusku y la policía parisina.

El multimillonario ha quedado libre de toda sospecha.

chas ap
a la figur
rre Faber
más que
autor del
De habe
mostrado,
consecuen

Detenida la autora del espectacular robo en el Louvre

Madame Sheda, la autora del robo del gato del Museo del Louvre, ha sido puesta en

Y Madame SHEDA acabó con sus huesos en la cárcel. Allí no había tratamientos de belleza y pronto empezó a recuperar el aspecto de su *verdadera* edad, ¡ése fue su peor castigo! Y para colmo, su carcelera se llamaba... **¡GLADYS!**

Álex y Marc tenían ganas de volver a casa. En cambio, después de tantas aventuras, la vuelta a nuestro mundo le pareció *un poco* aburrida a Liseta. ¡Se acabaron las joyas mágicas, las limusinas, los desfiles, los modelos de **JP**... hasta las palabras raras que tanto le gustaban como *celebrity* o *photocall*!

¡La vuelta a casa fue genial!

Mamá nos esperaba. Y Nic nos esperaba. La burra *Lista* y el conejo *Orejitas* también nos esperaban. Y hasta *Pía* y *Mía* nos esperaban ladrando (o eso creían ellas) .

—¡Bienvenidos! —exclamó mamá—. ¡Zoé! **¡MMMUUAAC!** Ya me ha contado Matilde que la habéis ayudado mucho con una *pariente* lejana... ¿Tía Gladys?

Mamá no se había enterado de NUESTRAS peligrosas AVENTURAS. Menos mal...

Para colmo, al poco de llegar, en el colegio tuvimos

EXAMEN.

—¡Hoy, el Antiguo Egipto! —anunció la profesora—. Estoy muy disgustada porque habéis faltado ¡demasiado!

Marc trató de justificarnos.

—Es que estuvimos en las catacumbas... y con un doctor que tenía una clínica llena de damas malolientes... y...

—¡Que imaginación! ¡Desde luego, qué talento de escritor! —exclamó la profesora—. A ver si nos sabemos *tan bien* la lección...

La primera pregunta fue para Liseta.

—¿Quién fue la reina de Egipto famosa por su nariz?

—Muy fácil —contestó Liseta—: **Cleopatra**.

—Ya —se sorprendió la profesora—. Habrá sido como el burro flautista, *por casualidad*...

Entonces le tocó el turno a Álex.

—¿Quién era HADES?

—¡El señor del Inframundo! —respondió Álex triunfante.

La profesora NO daba crédito.

—¡Turno para Zoé! —exclamó—. ¿Cuáles eran los animales sagrados para los egipcios? A ver si suena la *flauta*, como a Liseta...

—¡Los GATOS! —respondí.

¡¡BIEN!!

Volvimos al gallinero, dejando a nuestra querida profesora recuperándose de nuestra ¿buena? suerte. Porque de Egipto lo sabíamos TODO. Pero no lo habíamos aprendido en los libros; bueno, excepto Marc. Él sí.

¡Y qué bien se estaba en casa! Porque Matilde también ESTABA ALLÍ. ¡Y papá!

—¡Qué *bárbaro* —exclamó— que estemos todos aquí para el PRIMER concierto de la gira de... *FRENCH CONNECTION*!

—¡Sí! —anunció Matilde—. ¡Empezamos la gira AQUÍ! ¿Qué te parece, Zoé? Y después iremos a Rusku.

¡¡¡GENIAL!!! Qué bien estar en casa... y con papá.

Pero quien no apareció fue Amanda.

—Nos estamos dando un tiempo —explicó papá—, la relación me resultaba un poco ASFIXIANTE últimamente... ¡Qué *bárbaro*!

—¡A mí me pasaba lo mismo! ¡Es el perfume! —dijo Marc, y todos nos echamos a reír.

Y a pesar de que Rose le recordó que tenía una cita MUY importante en Tokyo y que debía partir, papá dijo que quería pasar más tiempo con Nic y conmigo.

—Además —añadió, guiñándome un ojo—, a Amanda el campo le da *ALERGIA*.

—¡Como ella a mí! —exclamó Marc estornudando.

Pero ¡cuidado!, nos había enviado un *invitado* para que disfrutara de las *delicias* campestres mientras ella se iba de viaje... ¡su gato! Y entonces fue cuando *Kira* aprovechó para darle la **BIENVENIDA** al querido *NAILS*. ¡El gallinero era su territorio!

¡Y la que se armó!

Las notas de Marc

La auténtica escultura del gato

¡Existe en el Museo del Louvre!

Representa a la diosa Bastet. Tiene ojos de vidrio y una figura de escarabajo grabada en el pecho. Lleva un collar de cuentas del que cuelga un medallón. Se trata de una ofrenda que se depositaba en el templo realizado entre los años 664 y 332 a. C. En su base tiene varias inscripciones (pero no la pista de dónde está la tumba de Cleopatra y Marco Antonio... a esto se le llama «ficción»).* En este texto se detalla que este objeto es una ofrenda a la diosa Bastet para beneficiarse de su protección.

*Ficción: Obras literarias o cinematográficas que tratan de sucesos y personajes imaginarios. De lo que están hechos los cuentos, las películas, los sueños...

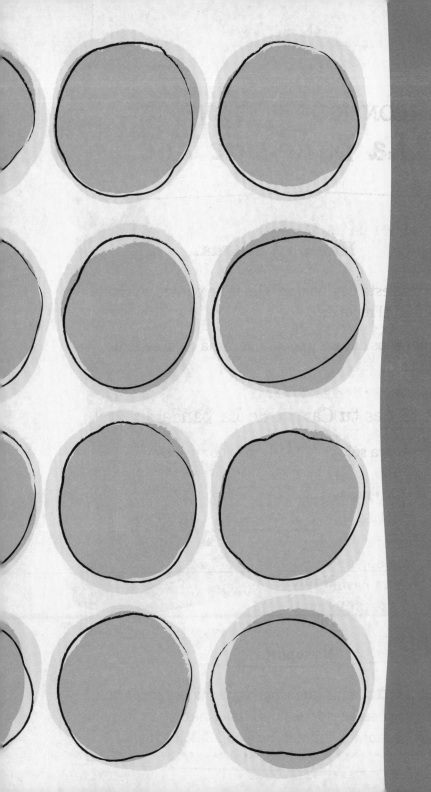

CONSIGUE EL CARNET DE
La Banda de Zoé

Hazlo tú misma.

1. Recorta esta página por la línea de puntos y pega tu foto en el recuadro.

2. Rellena los datos... y echa una firma en la línea de puntos.

¡YA tienes tu Carnet de La Banda de Zoé!

Ahora sólo te falta un caso por resolver...

La Banda de Zoé

Nombre
....

Me chifla
....

No soporto
....

LA PRÓXIMA AVENTURA DE LA BANDA DE ZOÉ

¿Reaparecerá Amanda para hacer de las suyas? ¿Dejará Marc de ser alérgico a su perfume? ¿Conseguirá Liseta meter aún más cosas en su bolso? ¿Y Álex? ¿Pasará algo entre Matilde y Paul?

Y en cuanto a Zoé... ¿logrará concentrarse en el colegio en lugar de distraerse con el vuelo de una mosca? ¡*Kira* seguro que no deja de soñar con mil chuletas y gatos que perseguir!

En la próxima aventura de La Banda de Zoé, Álex, Marc, Liseta y *Kira* la acompañarán en una alocada persecución ¡hasta Londres!

www.labandadezoe.es